戦国時代前夜
応仁の乱がすごくよくわかる本

水野大樹
Hiroki Mizuno

JIPPI Compact

実業之日本社

戦国時代の前哨戦となった「応仁の乱」◉はじめに

２０１７年は、応仁《おうにん》の乱が勃発してから節目の５５０年目にあたる。日本が室町時代から戦国時代へ向かう分岐点となったともいえる応仁の乱は、足かけ11年にもわたる長期の戦となった。幕府の権威は地に落ち、朝廷の号令には誰も耳を貸さなくなり、上京《かみぎょう》地域は灰燼《かいじん》に帰《き》した。

応仁の乱は、それまでの権威が権威でなくなり、その後は戦乱に次ぐ戦乱の時代を迎えた点で、日本史上、エポックメーキングとなる事件である。しかし、名称だけは有名だが、その内容までは知らない人が多い。人間関係が複雑で混乱するうえ、登場人物も多いのが敬遠される要因かもしれない。また、戦国時代のように派手な戦闘も少ないから面白みに欠けるのだろうか。

しかし、応仁の乱は見ていくと非常に興味深い。10年以上も続いたわりに戦闘回数は驚くほど少なく、主要な武将は誰ひとりとして戦死していない。彼らが行っていたのは殺し合いではなかった。そして、すでに下剋上《げこくじょう》の風潮は足元まで迫ってきていた時代ではあるが、京に集まった武将たちの動きを見ていくと、彼らは将軍や天皇をどこか気遣っているのも面白い。将軍や天皇の停戦命令には従わないくせに、である。

また、西軍諸将の絆の深さも面白い（朝倉孝景《あさくらたかかげ》など、寝返った者もいるが）。大内政弘《おおうちまさひろ》は戦後も畠山義就《はたけやまよしなり》を支援し、土岐成頼《ときしげより》は京に居場所がなかった足利義視《あしかがよしみ》を美濃《みの》に連れ帰り10年以上もかくまった。義視の子（義材《よしき》）が将軍になり、六角《ろっかく》討伐のために動員をかけると、山名《やまな》・大内・土岐・一色《いっしき》という、かつての西軍諸将が義材のもとに集まったりしている。応仁の乱が終わって10年以上も経っているのに、である。

２０１７年のＮＨＫの大河ドラマは、前年に引き続き戦国時代が舞台である。室町時代と戦国時代の分岐点となった応仁の乱を知ることで、より戦国時代を面白く観ることができるだろう。

本書は応仁の乱をわかりやすく解説した基本書である。なるべく時系列に述べることで混乱をきたさないようにした。本書が応仁の乱に興味をもつ、とっかかりになれば幸いである。

戦国時代前夜　応仁の乱がすごくよくわかる本　もくじ

第1章　応仁の乱前夜

第2章 応仁の乱、勃発！

第3章 地方に波及した戦乱

第4章 応仁の乱をもっと知るための人物事典

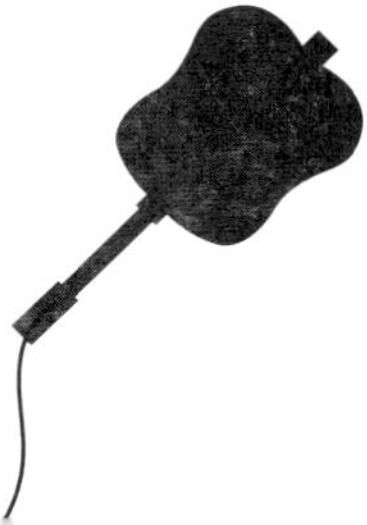

装丁　杉本欣右
本文デザイン・図版　若松隆
編集協力・DTP　バウンド
装幀写真　bitter...。/PIXTA

第1章

応仁の乱前夜

応仁の乱の主要な登場人物をおさえる

❖似たような名前が多い応仁の乱のメンバー

応仁の乱をわかりづらくさせている要因に、登場人物の名前が似ていて混乱するという点がある。応仁の乱が勃発したのには3つの大きな原因があるが、3つとも家督争いである。そのため、苗字が同じという人物が多数出てくる。また、応仁の乱は細川家と山名家の戦いでもあるが、家と家の戦いでもあるため、やはり同じ苗字の武将が登場することになる。

そこで、応仁の乱の話をはじめる前に、誰が東軍で誰が西軍かをまとめておく。読み進めていくうちに、「この人は、どっちだったかな?」と思ったら、このページに戻ってきて確認してほしい。なお、細川家は全員東軍、山名家は原則として西軍なので、割愛している。年齢は勃発当時の満年齢。

東軍と西軍の主要メンバー

東軍

足利義政
室町幕府将軍。31歳。側近の意見に流されやすい。東軍だが、ほぼ傍観していた。

足利義視
義政の弟。28歳。1468年12月以降は西軍に鞍替えした。

足利義尚
義政の子。2歳。乱が勃発当時子供だったため、応仁の乱には名前だけの登場。

畠山政長
25歳。畠山家前当主の甥。管領を罷免されたうえ、家督の返上と屋敷の返還を命じられるという屈辱を受け決起。政長の挙兵が応仁の乱のきっかけとなった。

斯波義敏
32歳。斯波家一門から本家に養子入りし当主就任。義廉と家督を争う。

京極持清
60歳。北近江・出雲・飛騨・隠岐の守護。乱途中で死去。

山名是豊
西軍大将山名宗全の次男。父と対立していたため東軍入り。

赤松政則
12歳。没落した赤松家再興のために担がれる。乱の途中から自ら采配をふるう。

西軍

大内政弘
21歳。若いながら抜群のリーダーシップで大内家を仕切る。西軍の切り札的存在。

土岐成頼
美濃国守護。25歳。戦後、行き場のない義視を引き取る。

一色義直
丹後国守護。年齢不詳だが36～40歳くらい。将軍義政と仲が良かったが西軍に入った。

畠山義就
年齢不詳だが、30歳くらい。戦に長け、西軍の主力として活躍。和睦には最後の最後まで反対し、終戦後も独自に戦い続けた武闘派。戦国大名の先駆けともいえる存在。

斯波義廉
年齢不詳だが22歳くらい。人望があり、斯波家の重臣の多くに支持された。

朝倉孝景
39歳。斯波家重臣。戦上手で東軍に恐れられた。

六角高頼
南近江守護。年齢不詳。乱の途中で近江の戦いに専念。

畠山義統
能登国守護。年齢不詳。血縁関係から義就を支持し西軍入り。最後まで在京していた。

応仁の乱とはいったい何か？

❖なぜ応仁の乱は起こったのか？

１４６７年（文正《ぶんしょう》２、３月改元、応仁《おうにん》１）に勃発した応仁の乱は、１４７７年（文明《ぶんめい》９）まで11年にわたって続いた大乱である。その結果、京の町は荒廃し、将軍と公家《くげ》勢力の権威は失墜した。日本史に大きな屈折をもたらした動乱であり、諸説あるが、この戦いを境として戦国時代の開幕といっても差しつかえない。

これほどの大乱が勃発した背景に、大きな要因として３つがある。

１つめが、将軍継嗣《けいし》問題だ。詳細は47ページで説明するが、概略を説明すると、当時の将軍である8代将軍・足利義政《あしかがよしまさ》の後継を誰にするか、という問題だ。

義政には男子が生まれなかったので実弟の足利義視《よしみ》を養子に迎えて後継者としたが、その直後に実子・足利義尚《よしひさ》が生まれてしまったため、両者と両者を推すグループが対立する

応仁の乱、対立の相関図

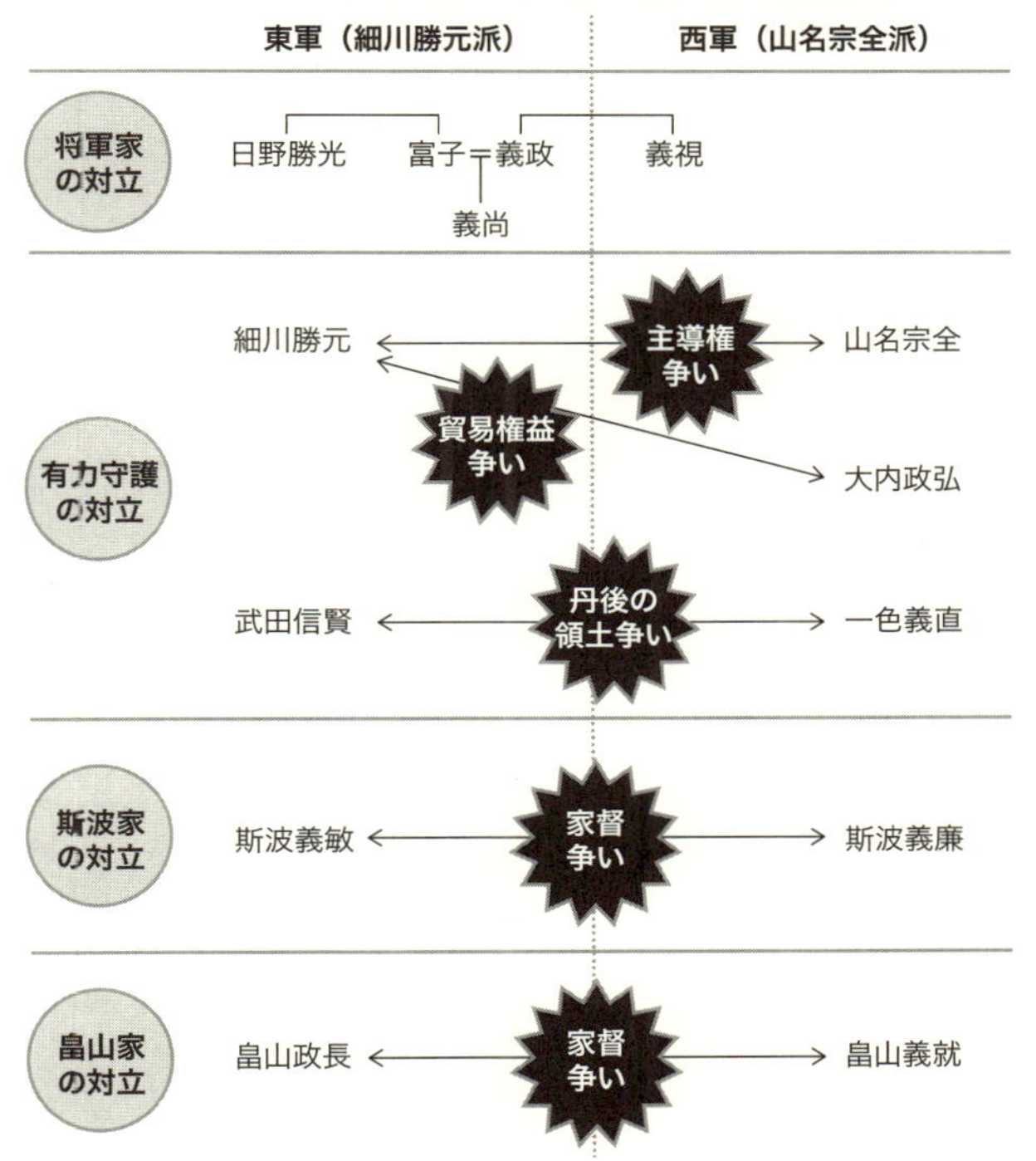

ようになったのである。

2つめの要因が、室町幕府の有力な守《しゅ》護《ご》大名であった斯波《しば》家と畠山《はたけやま》家の内訌《ないこう》だ（33、37ページ参照）。

斯波家も畠山家も三管領《さんかんれい》という幕府の要職を占める家柄で、両家にほぼ同時期に家督争いが持ち上がった。斯波家は、斯波義廉《よしかど》と斯波義敏《よしとし》が家督をめぐって争い、畠山家は畠山政長《まさなが》と畠山義就《よしなり》が争った。

そして、どちらの家の内訌にも、当時の幕府で権力を握っていた細川勝元《ほそかわかつもと》と山名宗全《やまなそうぜん》（持豊《もちとよ》）が介入し、派閥を作って対立した。とくに畠山家の内訌は、両者が軍事力を駆使して争ったため、泥沼化していった。

3つめの要因が、守護大名同士の争いだ（41ページ参照）。細川勝元と山名宗全との間に決定的な亀裂が生じたのは応仁の乱勃発の直前ではあるが、細川家は日明《にちみん》貿易の権益や瀬戸内海の支配権などをめぐって中国地方の大内《おおうち》家と長年対立していた。

領土をめぐって対立していた守護大名はほかにもいた。四職《ししき》家（四職については20ページ参照）のひとつである一色《いっしき》家と若狭《わかさ》国の守護・武田《たけだ》家が対立していたし、遠江《とおとうみ》国をめぐって斯波家と今川《いまがわ》家が対立、近江《おうみ》の守護職をめぐっては京極《きょうごく》家と六角《ろっかく》家が対立していた。どの家もそれなりの家格をもった大名家であった。だいたい、管領職をめぐって細川家と畠山家も対立関係にあり、勝元が畠山家の内訌に介入したのも、畠山家を弱体化させるのが目的であった。

そのほかにも、将軍権威の凋落や朝廷の存在感の希薄化、飢饉《ききん》や一揆《いっき》による政情不安など、さまざまな要因がからみあい、応仁の乱は起こったのである。

室町幕府とは
どういう幕府だったのか？

❖将軍に権力が集中していたわけではない

室町幕府は将軍・足利《あしかが》家を頂点とする武家政権である。しかし、後代の江戸幕府のように将軍に権力が集中していたわけでなく、実質的には将軍と各国の守護《しゅご》大名（守護大名については25ページ参照）による連合政権のような性格であった。室町幕府は南北朝《なんぼくちょう》の動乱時代に誕生した政権であり、将軍やその側近たちだけでは政権運営はままならない時代だった。一門の武家だけでなく、地方の有力者たちの力を借りなければ南朝との戦いを遂行できなかったのである。

また、鎌倉幕府滅亡後に政権を奪った建武《けんむ》の新政《しんせい》は、政権樹立に貢献した武家を軽視したためにわずか2年で崩壊した。そのため、室町幕府も武家をないがしろにはできず、南朝との戦いで功績を挙げた者には、恩賞として土地や役職を与えなければならなかった。

そうした経緯もあり、3代将軍義満《よしみつ》・6代将軍義教《よしのり》の時代に将軍の権威は高まったものの、室町幕府は将軍を頂点にした武家連合という性格を継承していくことになった。

応仁《おうにん》の乱の主役として活躍する山名《やまな》家や大内《おおうち》家は、過去にそれぞれ明徳《めいとく》の乱（1391年）、応永《おうえい》の乱（1399年）で幕府に反旗を翻《ひるがえ》した経験があるが、没落することなく復活できたのも、室町幕府のそうした性格のためであった。

とはいえ、将軍にまったく権力がなかったわけではない。錚々《そうそう》たる守護大名をまとめ上げるには、相応のリーダーシップが必要であったはずであり、その点では3代将軍義満も4代将軍義持《よしもち》も6代将軍義教も、うまく政権を運営していたといってよい（義教は晩年、政権運営に失敗するが）。

❖室町幕府はどのような組織だったか？

室町幕府は日本史上、鎌倉幕府に続く2つめの武家政権である。創業者である足利尊氏《たかうじ》が鎌倉幕府の有力御家人《ごけにん》であったことから、室町幕府はおおむね鎌倉幕府の制度を踏襲している。

幕府の要職としてまず挙げられるのが「管領《かんれい》」だ。応仁の乱を引き起こす原因を作った

室町幕府の組織構造

将軍

中央（京都）

- 〈将軍の補佐〉**管領**：細川家・斯波家・畠山家の3家から補任される
  - 〈京の警備・刑事裁判〉**侍所**：長官を所司といい、山名家・赤松家・京極家・一色家の4家から補任される
  - 〈将軍家の家事・財務担当〉**政所**：長官を執事といい、代々、伊勢家が世襲
  - 〈記録・文書の保管〉**問注所**
  - 〈政務の評議〉**評定衆**：室町時代末期には形骸化
- 〈将軍の直轄軍〉**奉公衆**

地方

- 〈東国の統治〉**鎌倉府**：関八州・伊豆・甲斐・奥州を統治。長官を鎌倉公方といい、足利基氏の子孫が世襲
  - 〈鎌倉公方の補佐〉**関東管領**：上杉家が世襲
- 〈九州の統治〉**九州探題**
- 〈奥州の統治〉**奥州探題**
- **守護**

神奈川県鎌倉市浄明寺地区に鎌倉公方の居館があったと伝わる。現在は街道沿いに石碑が残るだけで、遺構は残されていない。

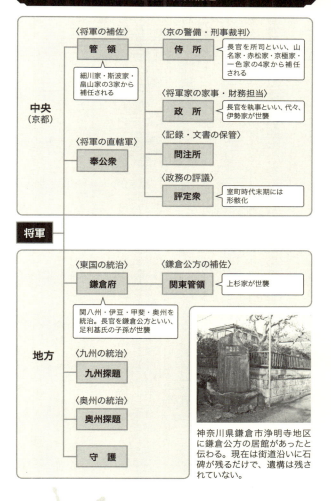

細川勝元《ほそかわかつもと》、斯波義敏《しばよしとし》、斯波義廉《よしかど》、畠山義就《はたけやまよしなり》、畠山政長《まさなが》の5名は管領経験者である。

管領は、将軍の補佐役で政務を統括する役割をもつ。幕府内では将軍に次ぐ権力をもち、細川家・斯波家・畠山家の三家のみが任じられる役職で、鎌倉幕府の執権《しっけん》と同等の地位にあたる。なお、三家とも将軍家の一族である。この三家を「三管領《さんかんれい》」と称し、幕府内で強大な権力を握った。

三管領の次に力をもっていたのが、侍所《さむらいどころ》の長官である「侍所所司《しょし》」（侍所頭人《とうにん》ともいう）である。侍所とは、武士の統率、京都の警備と刑事訴訟、治安維持などを担う役所である。侍所所司に就任できるのは、山名《やまな》家・赤松《あかまつ》家・一色《いっしき》家・京極《きょうごく》家・土岐《とき》家の五家だけで、室町幕府創生に功績があった家柄である（山名家と一色家は足利一門）。のちに土岐家からの就任はなくなって四家となり、この四家を「四職《しき》」と呼んだ。侍所所司は1352年（観応《かんのう》3、9月改元、文和《ぶんわ》1）以降、山城《やましろ》国守護を兼任することとなり、その権限はますます拡大し、管領と並び称されるほどの役職となった。

民事訴訟や財政事務を担ったのは「政所《まんどころ》」である。長官を執事または頭人《とうにん》という。政所執事は1379年（永和《えいわ》5、3月改元、康暦《こうりゃく》1）以降、伊勢《いせ》家がほぼ世襲した（8代将軍義政《よしまさ》の元服のとき二階堂忠行《にかいどうただゆき》が一時執事となっている）。伊勢家は代々の将軍の養育にも

三管四職家と足利将軍家との関係

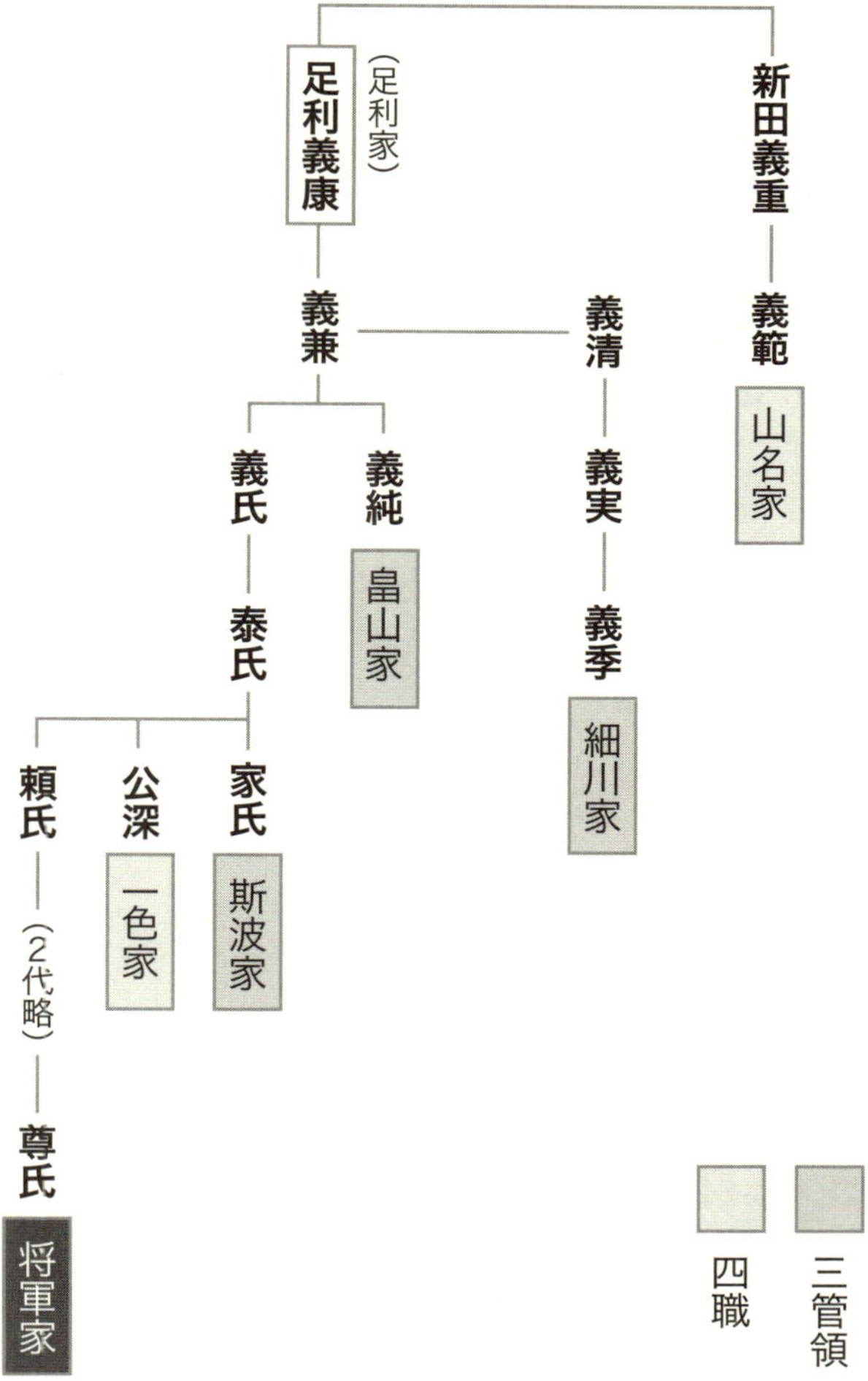

携わっていたため、将軍家の家事も担当することとなり、幕府内での発言権を強くしていき、「陰の管領」と呼ばれるまでになった。

そのほか、鎌倉幕府にもあった「問注所《もんちゅうじょ》」という役所がある。長官を執事といい、町《まち》野《の》家と太田《おおた》家が世襲した。町野家・太田家とも、鎌倉幕府の初代問注所執事・三善康信《みよしやすのぶ》の子孫である。当初は領地争いなどの裁判を担当したが、侍所の権限が強まるにつれて影が薄くなり、記録や訴訟文書を管理するだけのところとなった。そのため、町野家・太田家とも、室町時代を通して政治の表舞台に立つことはなかった。

前述のとおり、室町幕府は武家連合的な政権であり、政務を評議する場があった。そのメンバーを「評定衆《ひょうじょうしゅう》」といい、その筆頭を班首《はんしゅ》といった。足利家一門の山名家、一色家、石橋《いしばし》家、吉良《きら》家などがその座についた。しかし、時代が経るにつれて評定衆は形骸化し、政務を審議することはなくなっていった。ことに、応仁の乱以降は評定衆のメンバーが在京せずに領国に在国するようになったため、儀式的な定例会も行われなくなった。

幕府の直轄軍として「奉公衆《ほうこうしゅう》」があった。5番編成で約300人いたといわれ、通常は在京して幕府御所の警固や将軍の護衛にあたった。なかには幕府の直轄地である御料所に派遣され、その国の守護をけん制する役割も果たした。奉公衆は将軍の直臣《じきしん》であるため、奉公衆が守護の領国で犯罪を行った場合も守護の検断権は及ばず、成敗するのは幕府だった。奉公衆に選ばれるのは、足利家の家臣はもちろんだが、守護大名の庶流や地方の有力国人らも名を連ねた。

そのほかに、多くの「奉行《ぶぎょう》」が設けられていた。代表的な奉行を挙げると、「越訴奉行《おっそぶぎょう》」「恩賞奉行」「寺社奉行」「山門奉行《さんもんぶぎょう》」「申次衆《もうしつぎしゅう》」などがある。評定衆や問注所のメンバーが兼任することもあったが、彼らは現代の官僚的な立場で幕府を支えた。

❖室町幕府の地方組織

室町幕府は地方を管轄するために、いくつかの地方機関を設けた。その筆頭が「鎌倉府《かまくらふ》」である。

室町幕府を樹立した足利尊氏は、もともと関東に拠点を置こうと考えていたが、南北朝の戦いが終わ

COLUMN

南朝は乱に関わっていたのか?

1392年(明徳3)に北朝が勝利する形で南北朝は統一された。応仁の乱はそれからわずか75年後のことである。しかし、南朝の遺臣は、応仁の乱でとくに動きを見せなかった。伊勢国の北畠家や大和国の越智家などは、かつては南朝の忠臣として活動したが、北畠家は中立を守り、越智家は自らの領地拡大に余念がなかった。西軍が一時期、南朝の皇子を称する小倉宮をかついだこともあったが、それもすぐに追放されてしまった。南朝の亡霊は応仁の乱には現れなかったのだ。

らなかったため、やむなく京に幕府を開いた。そのとき、関東地方を統括するために置いたのが鎌倉府だった。鎌倉府は関東8州のほかに甲斐《かい》国、伊豆《いず》国、陸奥《むつ》国、出羽《でわ》国を統治した。鎌倉府の長官を鎌倉公方《かまくらくぼう》といい、尊氏の子・基氏《もとうじ》の子孫が世襲した。

鎌倉公方を補佐する役職を「関東管領《かんとうかんれい》」という。関東管領は鎌倉公方ではなく幕府が任命することになっており、足利家の縁戚である上杉《うえすぎ》家（尊氏の母方の実家）が世襲した。やがて鎌倉公方が幕府と対立するようになると、幕府と関東のつなぎ役だった関東管領と鎌倉公方が対立するようになり、両者の抗争がついには関東諸将を巻き込む大戦乱のきっかけとなるのである。

陸奥国と出羽国は基本的には鎌倉府の管轄下にあったが、鎌倉公方と幕府との関係が悪化したため、幕府は新たに「奥州探題《おうしゅうたんだい》」を置いて鎌倉公方をけん制した。奥州探題は三管領の一家・斯波家の庶流である大崎《おおさき》家が世襲した。

九州地方には「九州探題」が置かれ、一色範氏《のりうじ》、仁木義長《にきよしなが》、斯波氏経《うじつね》が任じられたあと今川了俊《いまがわりょうしゅん》が就任し、その後は渋川《しぶかわ》家が世襲した。応仁の乱の一方の主役である斯波義廉は、渋川家の出身である。

守護大名って何？

❖日本全国、各国ごとに置かれた国の代表者

守護《しゅご》は国ごとに置かれ、その国の国主として君臨した。室町幕府は武家政権だから、守護になるのは武家であった（ただし、大和《やまと》国の守護が興福寺《こうふくじ》のようなケースもあり、すべてが武家というわけではない）。守護が支配する国のことを「領国」とか「分国」という。

守護の権限は、まず「大犯《だいぼん》三カ条」と呼ばれる、「大番催促《おおばんさいそく》」「謀反人の逮捕」「殺害人の逮捕」がある。大番催促とは、国人たちに対し、京を警備する大番役への勤務を催促、指揮する権限のことである。そのほか、「刈田狼藉《かりたろうぜき》」と呼ばれる押領行為の取り締まり、土地紛争の判決遵行、年貢の半分を守護得分とする権利（「半済《はんぜい》」という）などがあった。また、関所や市場に税金を課したり、年貢の徴収を守護が請け負ったりといった権限が追加されていき、守護の力は大きくなっていった。

当時は日本全国に68カ国があり、ほとんどの国に守護が置かれた（出羽《でわ》国と陸奥《むつ》国には守護はおらず、鎌倉府《かまくらふ》が管轄した）。中でも、「室町殿御分国《むろまちどののごぶんこく》」と呼ばれる45カ国（奥州2カ国、関東8カ国、伊豆《いず》国、甲斐《かい》国、九州11カ国を除いた国）の守護は在京しなければならない決まりで、彼らのことを「守護大名」といった。したがって、厳密にいえば、薩摩《さつま》国の守護・島津《しまづ》家や周防《すおう》国の守護・大内《おおうち》家などは守護大名ではない。ただし、室町殿御分国以外の国の守護も含めて守護大名と呼ぶこともある。

原則として守護は1国にひとりずつ置かれたが（近江《おうみ》国や和泉《いずみ》国のように半国守護として2人が任じられる国もあった。また、前述どおり陸奥国と出羽国には守護は置かれていない）、一人で複数の国を兼任する場合もあった。たとえば、明徳《めいとく》の乱（1391年）で幕府に反した山名氏清《やまなうじきよ》は一人で11カ国の守護を兼任していた。

そのため、室町殿御分国は45カ国あったが、在京する守護大名は21人で、彼らのことを「二十一屋形」と呼んだ。彼らは常に京にいなければならなかったので、分国には自らの被官の中から「守護代《しゅごだい》」を任命し、守護代が実質的に分国経営にあたった。たとえば、三管領の一家として幕府を支えた斯波《しば》家は、分国の越前《えちぜん》国には甲斐家、尾張《おわり》国には織田《おだ》家をそれぞれ守護代として置いていた。また、大内家のように、在京を義務付けられていなく

主な守護の配置（1441年頃）

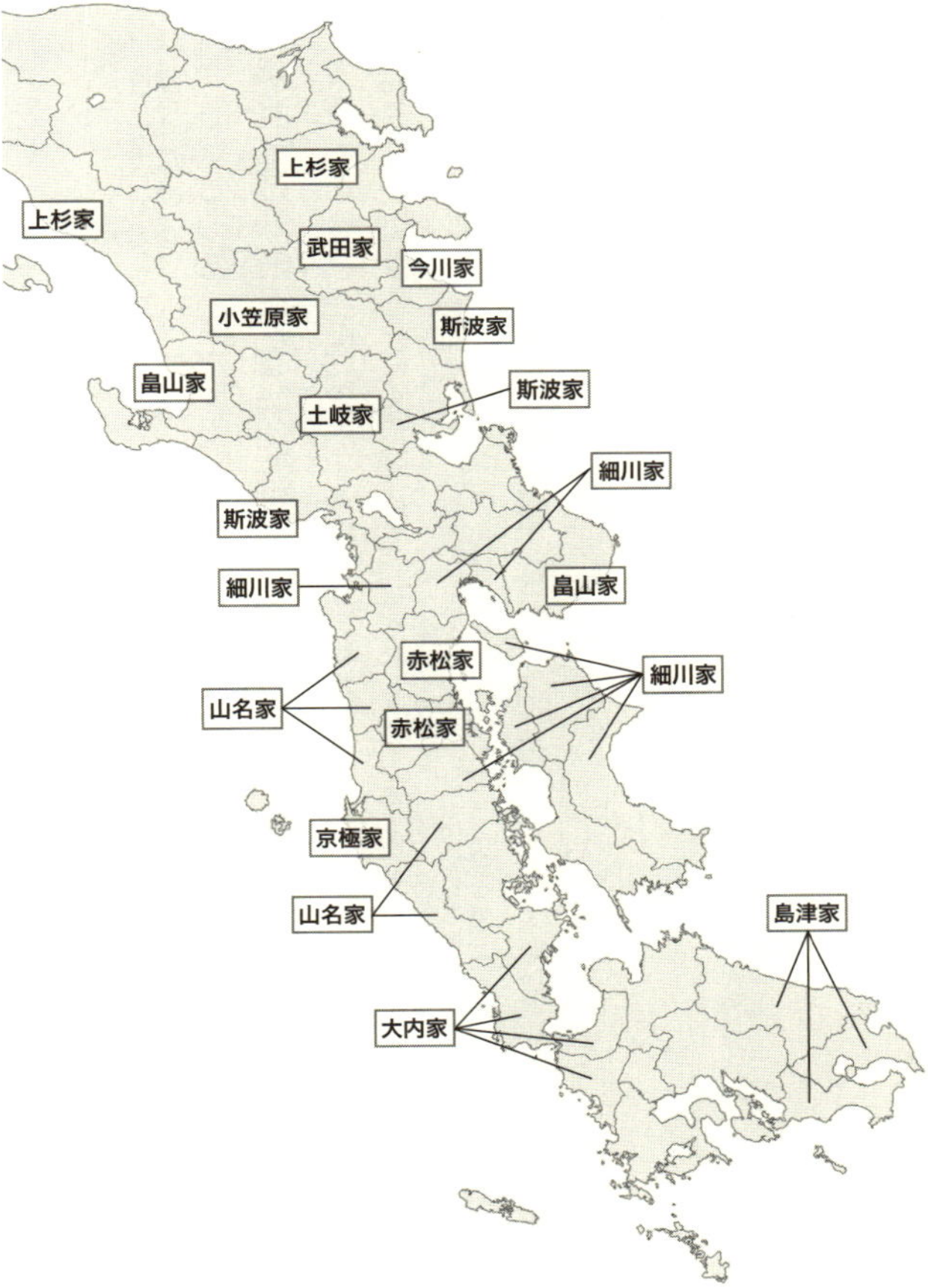

ても、複数の国の守護を兼任している場合も守護代は置かれた。

❖守護の地位は安泰ではない

守護に任じられるのは、主に室町幕府創生に活躍した家柄である。三管領として君臨した細川《ほそかわ》家や斯波家、畠山《はたけやま》家などの足利家の一族と、山名家や土岐《とき》家、小笠原《おがさわら》家などの外様、島津家や大友《おおとも》家のような在地領主などに分かれる。

守護職は基本的に世襲制であったが、守護の立場も安泰ではなく、時の権力者の意向によって守護職をはく奪されることもあった。たとえば、足利家一族でも、吉良《きら》家（能登《のと》国守護）や石塔《いしどう》家（駿河《するが》国守護）、桃井《もものい》家（越中《えっちゅう》国守護）などは没落し、他家に取って代わられた。また、守護職をめぐって守護同士が争うこともあった。

国人ってどういう人たちのこと?

❖地頭や荘官が武士化

応仁《おうにん》の乱は、畠山《はたけやま》家、斯波《しば》家、将軍家の家督争いが主な原因となって勃発した戦乱だが、単なる家督争いが10年以上も続く大がかりな戦乱になるとは考えにくい。戦国時代でさえ、後継争いが大きな戦乱を引き起こしたことはほとんどないといってよい。

それでは、なぜ応仁の乱はあれほどの戦乱になったのだろうか。

それは、彼らの家督争いとともに、各国の国人《こくじん》たちの領地争いがからんでいたからである。国人たちはそれぞれ東軍・西軍の武士として戦ったが、決して細川勝元《ほそかわかつもと》や山名宗全《やまなそうぜん》などに忠誠を誓ったわけではない。自分たちの領地を守るために戦ったのであり、そのため東軍が不利になれば西軍に鞍替えすることも辞さなかった。

応仁の乱の原因のひとつともなった「国人」とは、いったいどういう人物たちだろうか。

国人とは、ひとことでいえば地方の在地領主のことで、それぞれの土地に土着した人のなかの有力者のことである。所領争いの激化にともない、多くの国人は武士化し、自分の所領の農民や地侍を配下に加えながら勢力をもつようになった。

国人は、鎌倉時代から室町時代にかけて地頭《じとう》となって、その土地に土着した者も多い。たとえば、戦国時代から江戸時代にかけて中国地方に君臨した毛利《もうり》家は、もともと地頭出身の国人である。地頭とは、荘園《しょうえん》の実質的な管理者であり、本来、守護の支配を受けていたが、「泣く子と地頭には勝てぬ」という言葉ができるほど力をつけ、やがて国人化していった。

次に、荘官《しょうかん》から国人になった者もいる。荘官とは、平安時代以来の荘園を管理・経営していた有力名主のことで、現地の土豪が任じられることが多かった。荘園制度は室町時代にはほぼ崩壊していたが、年貢の徴収など荘園の管理を任されていた荘官のなかには、荘園の農民のまとめ役としてその土地の有力者に成り上がる者もいた。そうした人々のなかには武士化して国人となる者もいた。

応仁の乱では大和《やまと》国や河内《かわち》国の国人が多く参戦したが、越智《おち》家や十市《といち》家などが荘官出身の国人である。

応仁の乱で活躍した足軽とは？

❖略奪行為を本願とした悪党たち

応仁《おうにん》の乱は、戦国時代のような大規模な戦はほとんど起こらなかった。しかし、それはあくまで結果論であり、細川《ほそかわ》・山名《やまな》・大内《おおうち》・畠山《はたけやま》といった当時の大大名が集結していた当時の京では、いつ大乱が起きてもおかしくない情勢であった。両軍にとって兵力の確保は喫緊の課題である。彼らは家臣としての武士を抱えていたが、それだけでは長期戦を戦えなかった。そこで、彼らは現地で兵力を調達することにした。農民や流民、盗賊などを臨時に雇ったのである。彼らは軽装で戦場を素早く動き回ったため、「足軽《あしがる》」と呼ばれた。

足軽はリーダーに率いられ、数十人から数百人単位で行動した。足軽のリーダーとしては、骨皮道賢《ほねかわどうけん》や御厨子《みずし》某が有名である。彼らは装備らしい装備もしていなかったから、ゲリラ戦法で敵をかく乱するのが常だった。1468年（応仁2）3月には、東軍が雇った

寺を破壊し略奪する足軽。（『真如堂縁起絵巻』真正極楽寺蔵）

道賢率いる足軽３００人が伏見《ふしみ》の稲荷山《いなりやま》を占拠し、西軍の兵糧や武器を奪う一方、京の市街に火をつけて荒らし回った。

足軽は東軍・西軍ともに戦力となったが、もとが寄せ集めの集団である。流民や盗賊などは、戦のどさくさに紛れて略奪行為に手を染めた。彼らの目的は武功を挙げることではなく、金品を奪うことであった。足軽は、敵が立てこもっていないところをも破壊しては略奪行為に及んだという。

当時の公卿《くぎょう》・一条兼良《いちじょうかねよし》は、足軽のことを「ひる強盗」と呼び、諸社・諸寺などの荒廃は足軽のせいであると記している。また、足軽を利用していた山名宗全《やまなそうぜん》でさえ、足軽の狼藉を取り締まる禁制札を作るほどで、足軽の略奪行為が目に余るものだったことがわかる。

応仁の乱、対立の構図 ——畠山家の内訌

❖応仁の乱勃発の10年以上前から対立していた二人

応仁《おうにん》の乱最大の原因は将軍家の後継者争いだが、もうひとつ大きな要因として、守護《しゅご》大名家の家督争いも挙げられる。

まず、将軍家の一門に連《つら》なる名門で、三管領《さんかんれい》の一家である畠山《はたけやま》家の内訌《ないこう》である。家督を争ったのは、畠山政長《まさなが》と畠山義就《よしなり》の二人だ。二人は従兄弟同士の関係にあたる。

両者の対立の原因は、応仁の乱勃発の10年以上前にある。1448年（文安《ぶんあん》5）、畠山家の当主・持国《もちくに》は、将軍の許可を得たうえで、実子の義就を自分の後継に決めた。翌年、持国は管領に就任するとともに山城《やましろ》国の守護にも任じられ、河内《かわち》国・越中《えっちゅう》国・紀伊《きい》国と合わせて4カ国の守護を兼任する実力者となった（そのほかに大和《やまと》国の半国守護も兼任）。

それは、「近日、畠山権勢無双《むそう》也」といわれるほどで、幕府一の実力者・細川《ほそかわ》家と肩を並

畠山家系図

※数字は家督継承順

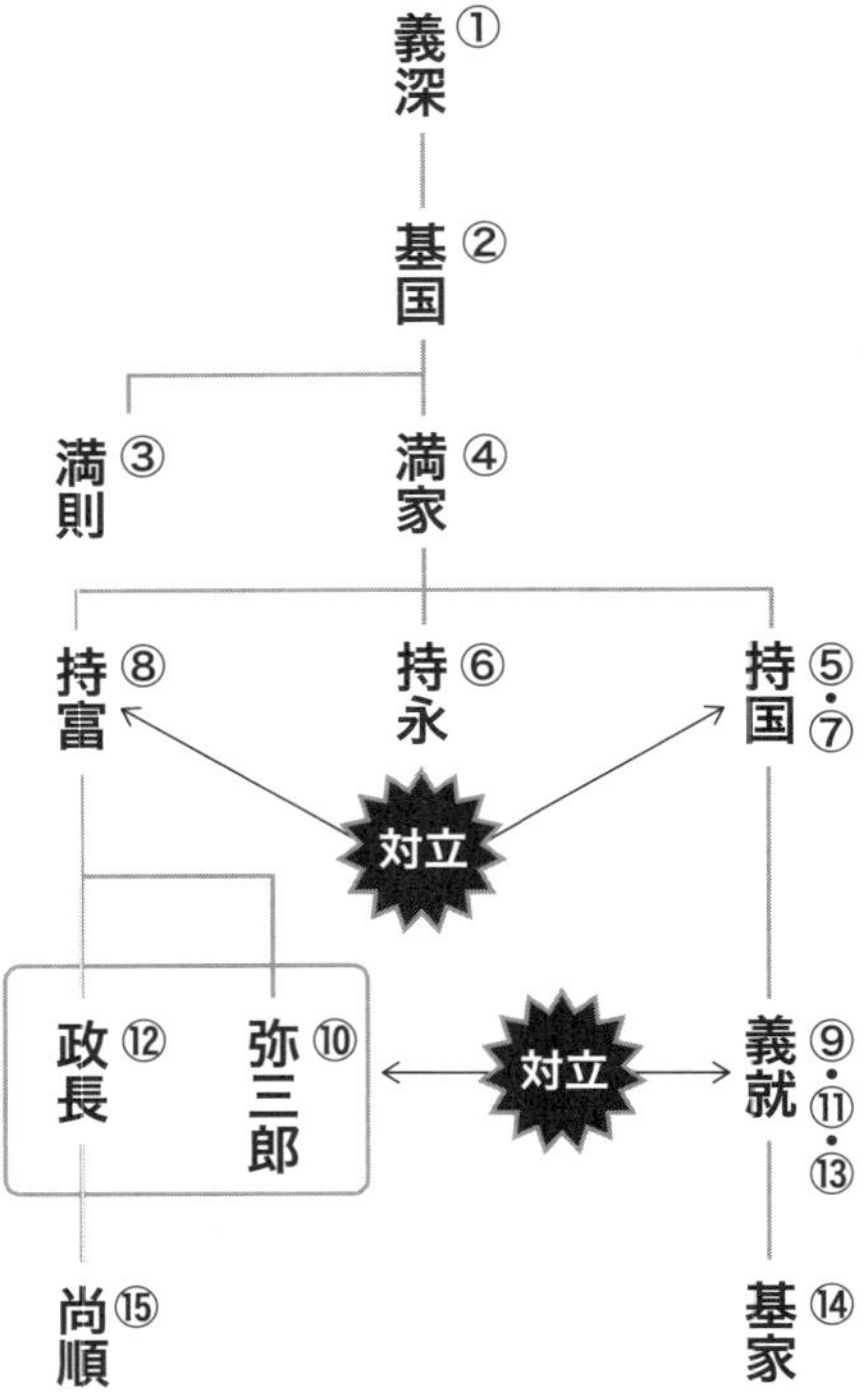

べるほどの権勢を誇ったのである。

しかし、それ以前に持国が、自分の弟・持富《もちとみ》を後継者に指名していたことから話はややこしくなる。持富は、政長の父親である。この持国の変節により、畠山家中は、持国・義就派と持富派に分裂。持富が1452年（宝徳《ほうとく》4）に死ぬと、持富の長男・弥三郎《やさぶろう》と次男・政長が持富の意思を受け継いで対立した。

1455年（享徳《きょうとく》4）、持国が死去した。幕府の実力者だった持国の死は、ライバルだった細川勝元《かつもと》や山名宗全《やまなそうぜん》にとっては僥倖《ぎょうこう》であり、二人はこれを機に畠山家の弱体化を狙い、時に義就を支持し、時には弥三郎に肩入れするなどして、畠山家の内訌に介入していった。そのため、畠山家両者の骨肉の争いは終わることはなく、どちらかが京に入ると、どちらかが京から追い出されるという状態が続いた。

❖政長が管領に就任し、いったん収束

当主・持国の死後、畠山家の家督を継いだのは義就だった。義就は、河内国に逃げていた弥三郎・政長を攻めて勝利し、弥三郎たちは勝元に庇護を求めた。1459年（長禄《ちょうろく》3）に弥三郎が病死し、政長が跡を継いだ。政長は勝元の取りなしで将軍・足利義政《あしかがよしまさ》から赦免

され、入京した。そのころの義就は、将軍の命令と偽って各地に攻撃をしかけることを繰り返して義政の信頼を失っており、1460年（長禄4）、幕府は畠山家の家督を政長に変え、義就は失脚した。京から逃走した義就は同年9月、河内若江《わかえ》城に入城。義就追討を命じられた政長は閏《うるう》9月に出陣し、神南山《じんなんやま》の戦いで義就軍に勝利、義就は嶽山《だけやま》城に敗走した。若江城を占拠した政長はさらに嶽山城を攻めたが義就はもちこたえ、細川・山名の援軍を得ても嶽山城を落とせなかった。1462年（寛正《かんしょう》3）4月、政長は3年がかりで嶽山城を落とし、義就は高野山《こうやさん》へ逃亡した。翌1463年（寛正4）9月、政長が管領《かんれい》に就任し、畠山家の内訌は、いったんは政長方の勝利となった。しかし、高野山に逃げた義就はその後も京をうかがい、やがて細川勝元と対立した山名宗全と手を結ぶことになる。

こうして10年以上にわたって続いた畠山家の家督争いが、応仁の乱の原因となったのである。

応仁の乱、対立の構図
——斯波家の家督争い

❖かつての当主が周防国に没落するが復活

応仁《おうにん》の乱の原因のひとつに、斯波《しば》家の家督争いもある。斯波家は足利《あしかが》将軍家の一門で、畠山《はたけやま》家と同じく管領《かんれい》を輩出する三管領に名を連ねる名門だ。代々、越前《えちぜん》国・尾張《おわり》国・遠《とお》江《とうみ》国の3カ国の守護《しゅご》を兼任していた。

1452年（宝徳《ほうとく》4、7月改元、享徳《きょうとく》1）、斯波家の当主・義健《よしたけ》が死去した。義健には子がなかったため、一族の斯波持種《もちたね》の子・義敏《よしとし》が跡を継ぐことになった。しかし、越前国の守護代《しゅごだい》だった斯波家重臣の甲斐常治《かいじょうち》は義敏の相続に反対し、義敏をないがしろにするようになり、両者は対立するようになった。

常治の態度に業を煮やした義敏は、常治の横暴を幕府に訴えた。当時、守護代の任命権は幕府にあったからだ。しかし、常治と縁戚関係にあった将軍側近・伊勢貞親《いせさだちか》（政所執《まんどころしつ》事《じ》）が将軍・足利義政《あしかがよしまさ》に義敏を讒言《ざんげん》したため、義敏に不利な裁定がくだり、両者の対立はますます深まり、斯波家中も両派に分かれてしまった。

1458年（長禄《ちょうろく》2）、当時の関東では鎌倉公方《かまくらくぼう》の足利成氏《しげうじ》と、関東管領《かんとうかんれい》の上杉《うえすぎ》家が争っており、関東の諸将も両派に分かれて対立していた。幕府の意向に逆らって戦闘をやめない成氏に対し、幕府は成氏追討の命を出し、義敏に出陣の命令が届いた。当時、常治は病に臥《ふ》せっており、これを好機ととらえた義敏は、兵を集めて関東に出兵するふりをしながら、出兵の途中で越前国に引き返し、敦賀《つるが》城の常治を攻めた。

当初は義敏側が優位に戦いを進めたが、義政が常治を支持したため次第に劣勢となり、1459年（長禄3）5月、金ケ崎《かねがさき》城の戦いで敗れた義敏は越前国から逃亡し、周防《すおう》国の大内教弘《おおうちのりひろ》のもとへ落ちていった。

義敏が没落すると、幕府は義敏の子・松王丸《まつおうまる》に跡を継がせたが、1461年（寛正《かんしょう》2）、渋川義鏡《しぶかわよしかね》の子を義敏の養子として義廉《よしかど》と改名させ、強引に斯波家の家督を継がせた。渋川家は足利家の一門であり、斯波家とは縁戚関係にあたる九州地方を代表する名門である。とはいえ、渋川家が分家したのは鎌倉時代中期までさかのぼり、義廉も曾祖母が管領《かんれい》・斯波義将《よしまさ》の娘というくらいのつながりしかなく、斯波家と血縁関係はほとんどないといって

斯波家系図

※○数字は斯波家当主継承順
※□数字は九州探題就任順

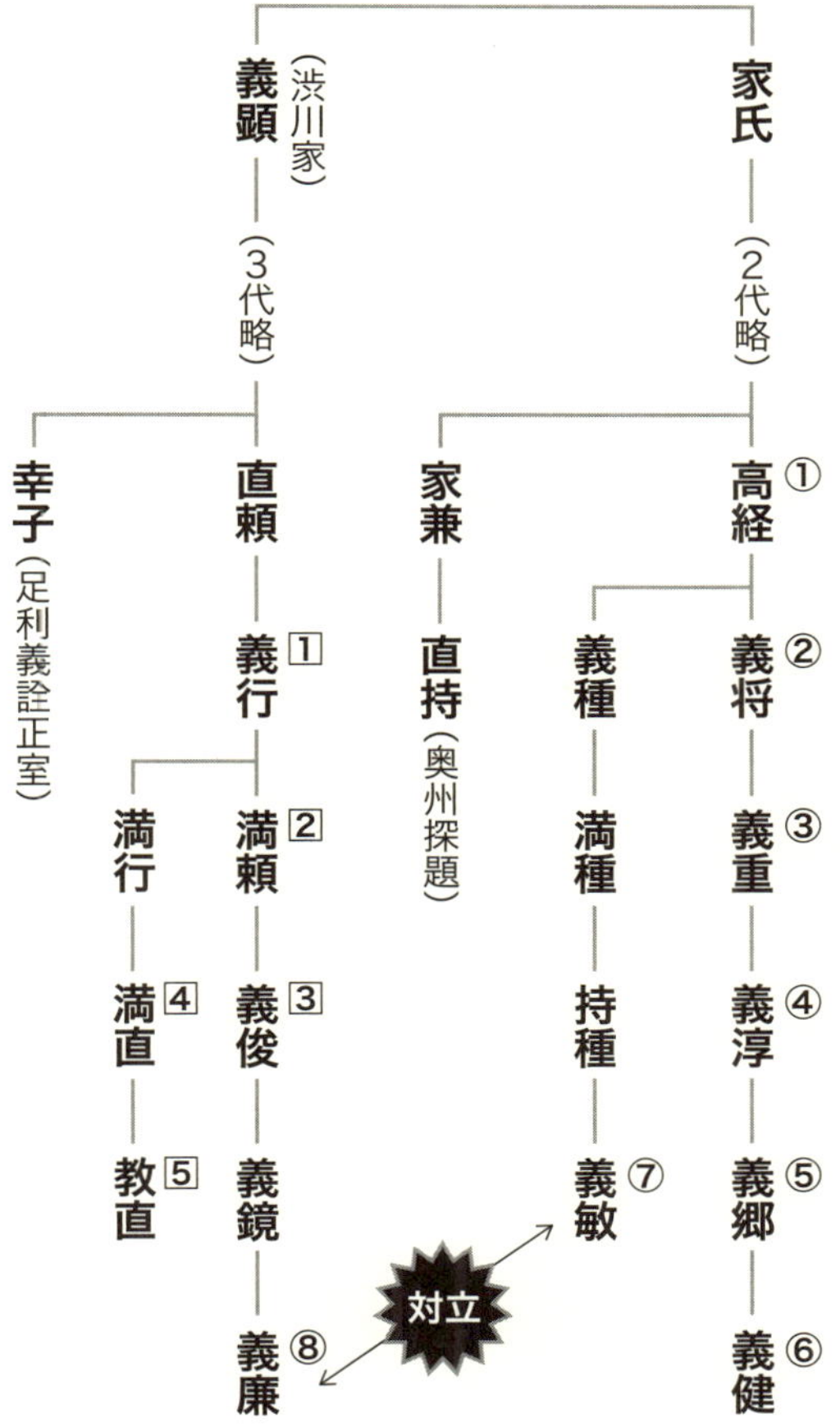

もよかった。当然、義敏は義廉の家督就任に激怒した。

周防国に逼塞《ひっそく》していた義敏だったが、1463年（寛正4）、管領・細川勝元《ほそかわかつもと》の取りなしにより将軍から赦免され、入京を果たした。義敏はかつて讒言された伊勢貞親を味方に引き入れることにも成功し、1466年（寛正7、2月改元、文正《ぶんしょう》1）、7年ぶりに義敏が斯波家当主に復帰した。

しかし、義廉はすでに5年間、斯波家の当主として君臨しており、義廉に心を寄せる家臣も多く、義廉は越前国・尾張国・遠江国に動員をかけ、さらに山名宗全《やまなそうぜん》と結んで義敏に対抗した。斯波家の重臣・朝倉孝景《あさくらたかかげ》も義廉を支持し、両者の対立は武力抗争へと発展したのである。

応仁の乱、対立の構図
―有力守護大名の権益争い

❖細川勝元と山名宗全はなぜ対立していたのか

応仁《おうにん》の乱勃発当時、幕府内で発言力をもっていたのは細川勝元《ほそかわかつもと》と山名宗全《やまなそうぜん》であった。勝元は、丹波《たんば》国・摂津《せっつ》国・讃岐《さぬき》国・土佐《とさ》国の守護で、管領《かんれい》を二度務めた実力者である。足利《あしかが》義政《よしまさ》が7歳で将軍に就任して以来、勝元は通算16年間、管領の地位にあり、義政への影響力は多大なものがあった。

一方の宗全は、勝元よりも26歳年長で、応仁の乱勃発当時はすでに60歳を超えていた。将軍義政の父・義教《よしのり》の代から要職を占め、幕府の重鎮として重きをなしていた。

勝元は当初、三管領の一家として細川家と並ぶ実力を有していた畠山《はたけやま》家に対抗するため、宗全の娘を娶《めと》るとともに宗全の子・豊久《とよひさ》を養子に迎えるなど、宗全とは協力関係を築いていた。

細川家系図

※○数字は当主継承順

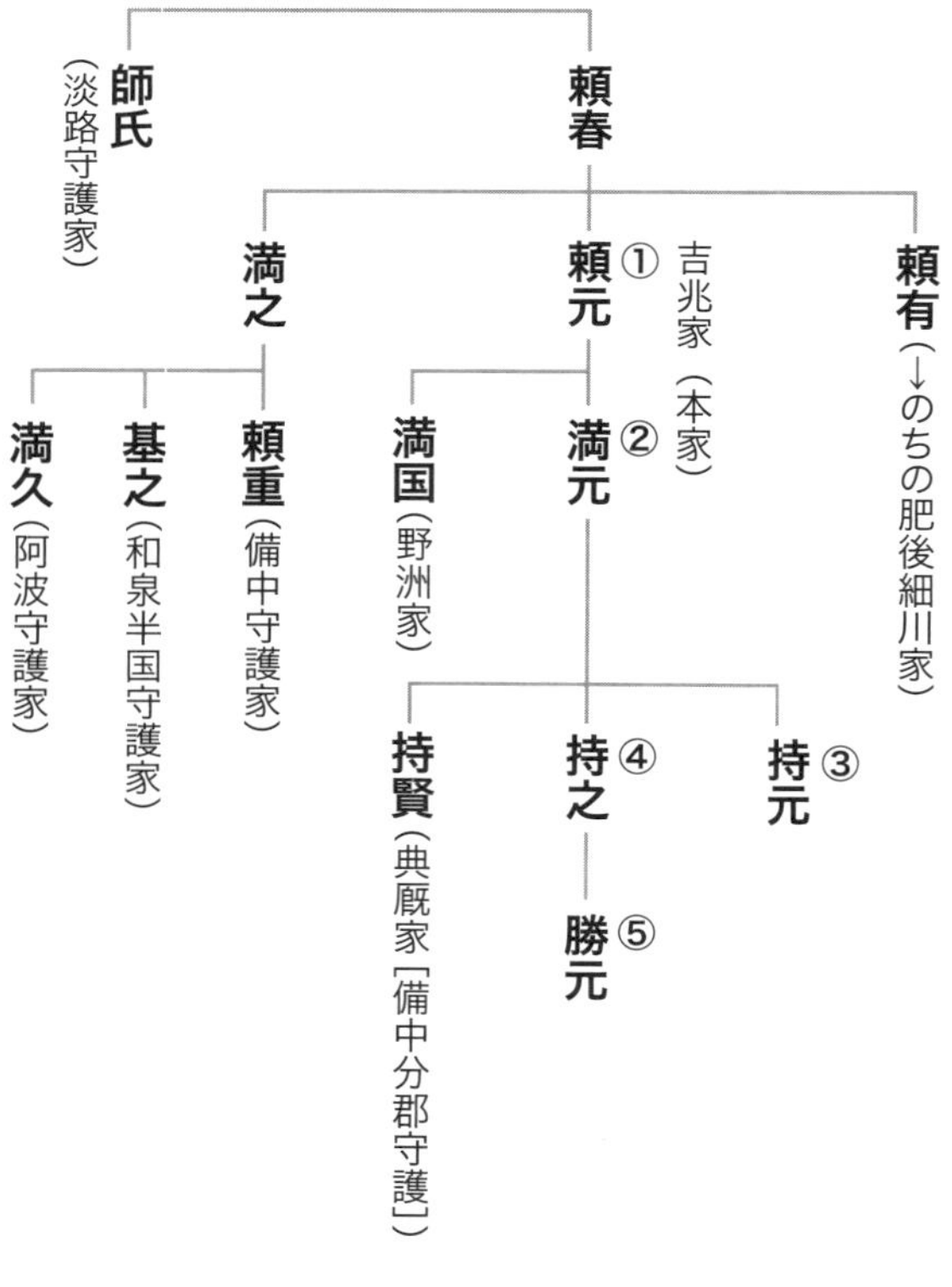

細川・山名・畠山・斯波家の分国（1467年当時）

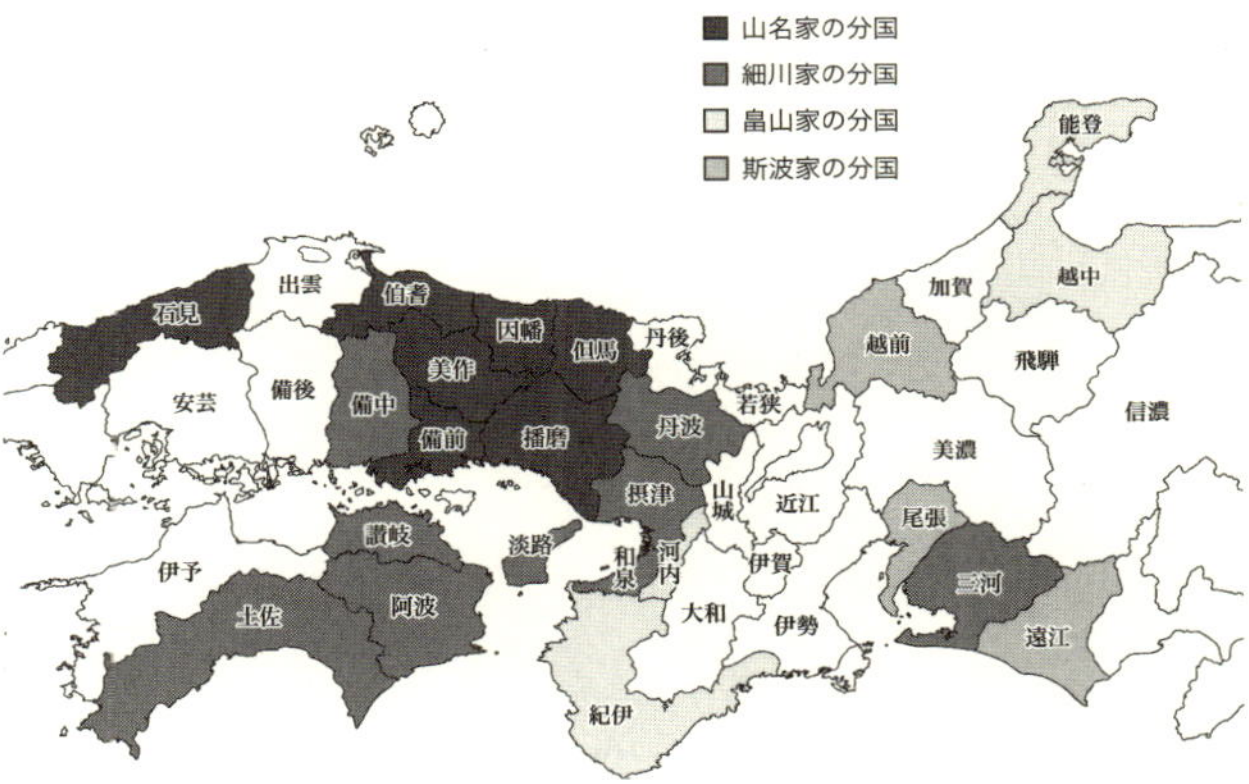

しかし、家督争いによる内訌《ないこう》を起こした畠山家は、幕府の長老格だった当主の持国《もちくに》が1455年（享徳《きょうとく》4、7月改元、康正《こうしょう》1）に死ぬと、一気に幕府内での求心力を失った。そうなると、勝元と宗全の蜜月関係にもほころびが見えはじめるようになった。

それ以前に、宗全は将軍義政との関係も悪化していた。義政が嘉吉《かきつ》の変で没落していた赤松《あかまつ》家の再興を許し、赤松則尚《のりなお》（嘉吉の変の首謀者・赤松満祐《みつすけ》の甥）を取り立てて再興を許したからである。赤松家の旧領である播磨《はりま》国と備前《びぜん》国を手にしていた宗全は怒り、則尚を攻めて討ち滅ぼしてしまった。

赤松家を再興させて宗全を牽制しようと考えていた将軍義政は、1458年（長禄《ちょうろく》2）、

山名家系図

※○数字は当主継承順

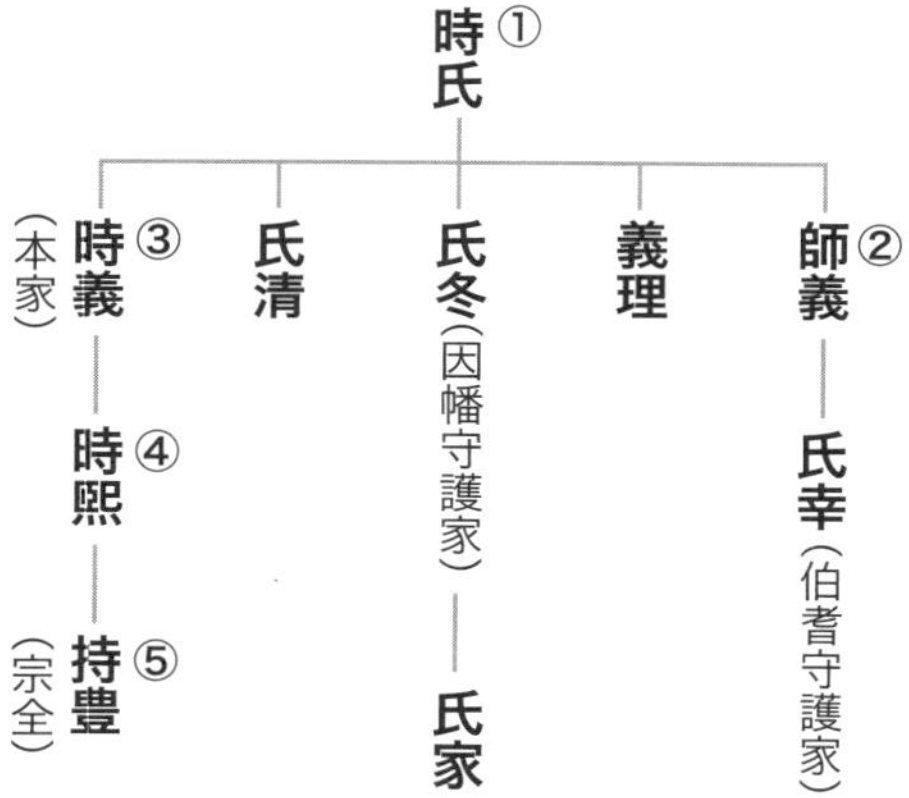

再び赤松家の再興を許し、当主となった赤松政則《まさのり》を加賀《かが》国の半国守護に任じた。当然、この裁定には勝元の意向が深く影響していた。加賀国はもともと富樫《とがし》家の分国だったが、富樫家もまた内訌を勃発させ、北半分を富樫成春《なりはる》、南半分を富樫泰高《やすたか》が支配していた。そこに政則が入ってきたため、成春は追放されてしまった。赤松家再興にあくまで反対する宗全は成春を支持し、これに対して勝元は政則を支援した。ここでも勝元と宗全は対立関係となった。

　こうして赤松家再興は、勝元と宗全の間を険悪化させ、両者の対立は幕府内の権力争いへと結びついてしまうのである。

1466年（寛正7、2月改元、文正《ぶんしょう》1）、

勝元に実子・政元《まさもと》が生まれた。すると勝元は、養子だった豊久を無理やり仏門に入れ、政元を後継にすえた。宗全は激怒し、すぐさま豊久を引き取り還俗《げんぞく》させた。豊久の一件により、両者の対立は決定的となったのである。

❖各国の守護もそれぞれの事情で対立関係にあった

勝元と宗全の権力争いは、当初は勝元が優勢だった。勝元は畠山家の内訌に積極的に介入し、畠山義就《よしなり》から畠山政長《まさなが》への家督継承を認めさせ、自分の後釜の管領に就任させた。斯波《しば》家に関しては、いったんは宗全の後押しで義廉《よしかど》が当主となったが、勝元が巻き返して義敏《よしとし》が家督を奪った。こうして勝元の息のかかった二人が幕政に復帰し、宗全派は煮え湯を飲まされる結果となった。

一方、加賀国の富樫家の内訌でも、勝元が推す成春の子・政親《まさちか》が南加賀の半国守護となり、政親は北加賀の半国守護の赤松政則とともに東軍に身を置いた。しかし、赤松家による加賀支配をよく思わない政親の弟・幸千代《ゆきちよ》が政親に反して宗全側につき、加賀は再び半分に割れてしまった。

四職《ししき》の一家で、飛驒《ひだ》国・出雲《いずも》国・近江《おうみ》国北部・隠岐《おき》国の守護・京極持清《きょうごくもちきよ》は勝元の計らいで侍所所司《さむらいどころしょし》となっていた関係で東軍に味方し、南近江の守護で京極家と終始対立していた六角高頼《ろっかくたかより》は宗全側についた。南近江国・飛騨国と国境を接する美濃《みの》国の守護・土岐成頼《ときしげより》も、持清に対抗するため宗全と結んだ。

当時、若狭《わかさ》国の守護は武田信賢《たけだのぶかた》だったが、もともと若狭国は四職の一家・一色《いっしき》家の分国だった。一色家は若狭の隣国・丹後《たんご》国の守護だったこともあり、若狭をめぐって武田家と一色家は対立関係にあった。一色家の当主・一色義直《よしなお》は宗全を頼り、武田信賢は勝元を頼った。

周防《すおう》国・長門《ながと》国・豊前《ぶぜん》国・筑前《ちくぜん》国の守護を務め、中国地方西部から九州地方北部にかけて勢力を誇っていた大内政弘《おおうちまさひろ》は、日明《にちみん》貿易の権益をめぐって細川家と対立しており、当然のごとく宗全に味方した。また、讃岐《さぬき》国・阿波《あわ》国・土佐《とさ》国の守護を兼ねていた細川家は、伊予《いよ》国の守護・河野《こうの》家と対立関係にあり、河野通春《みちはる》は政弘とともに宗全と結んだ。

こうして、地方の争いもいつしか細川・山名の争いに組み込まれ、やがて応仁の乱という大乱を引き起こすのである。

応仁の乱、対立の構図
――将軍家の後継争いと将軍側近の横暴

❖なぜ将軍義政は弟を自分の後継者にしたのか?

応仁《おうにん》の乱は複数の要因がからんで起こった大乱だが、一番の原因は、8代将軍・足利義《あしかがよし》政《まさ》の後継者問題であった。

義政とその妻・日野富子《ひのとみこ》の間には、長らく男子が産まれなかった。そのため義政は1464年（寛正《かんしょう》5）、出家していた実弟の足利義視《よしみ》を還俗させて、義視を後継者とした。このとき義政は、「今後、自分に男子が産まれても家督を変更することはない」という念書を義視に渡していた。

当時、義政は28歳、富子は24歳だから、今後男子が誕生する可能性は十分あった。それでも義政が義視を後継者に指名したのは、富子の実家である日野《ひの》家を牽制するためだったといわれる。

日野家の幕政介入を快く思っていなかった管領《かんれい》の細川勝元《ほそかわかつもと》が、義視の後見人となり、義視は細川勝元邸に入って還俗した。義視は従五位下《じゅごいげ》、左馬頭《さまのかみ》に任じられたが、これは3代将軍・義満《よしみつ》以来、歴代将軍の初任官位である。義視は、朝廷からも正式な次期将軍と認められたのである。

ところが、翌1465年(寛正6)11月、富子が男子を産んでしまう。これが義尚《よしひさ》である。当然ながら、富子は義尚の将軍就任を望み、富子の兄・日野勝光《かつみつ》と義尚の乳父(養育者)である伊勢貞親《いせさだちか》(政所《まんどころ》執事《しつじ》として幕政に影響力をもっていた)も富子に同調した。

しかし、義政は義視との約束の手前、義尚を後継者にはせず、いったん義視に継がせたあとに義尚を将軍にしようと考えた。ここに幕府は義視派と義尚

COLUMN

貞親が遺した名言とは?

義視への讒言で失脚した伊勢貞親だが、彼は応仁の乱勃発の数年前に「伊勢貞親教訓」という訓戒を息子のために残している。そこには武士としての生き方が書かれており、たとえば「家を飾り立てないこと。馬具と武具さえあればいい」「若くても常に生死の覚悟を心がけるべき」「服装が他人より上等であるのはよくない」「武士は、家財と命と女の三つを忘れろ」といった内容が記されている。佞臣として非難されることの多い貞親も、武士としての心得は忘れていなかったようだ。

足利将軍家系図

※○数字は室町幕府将軍の代数

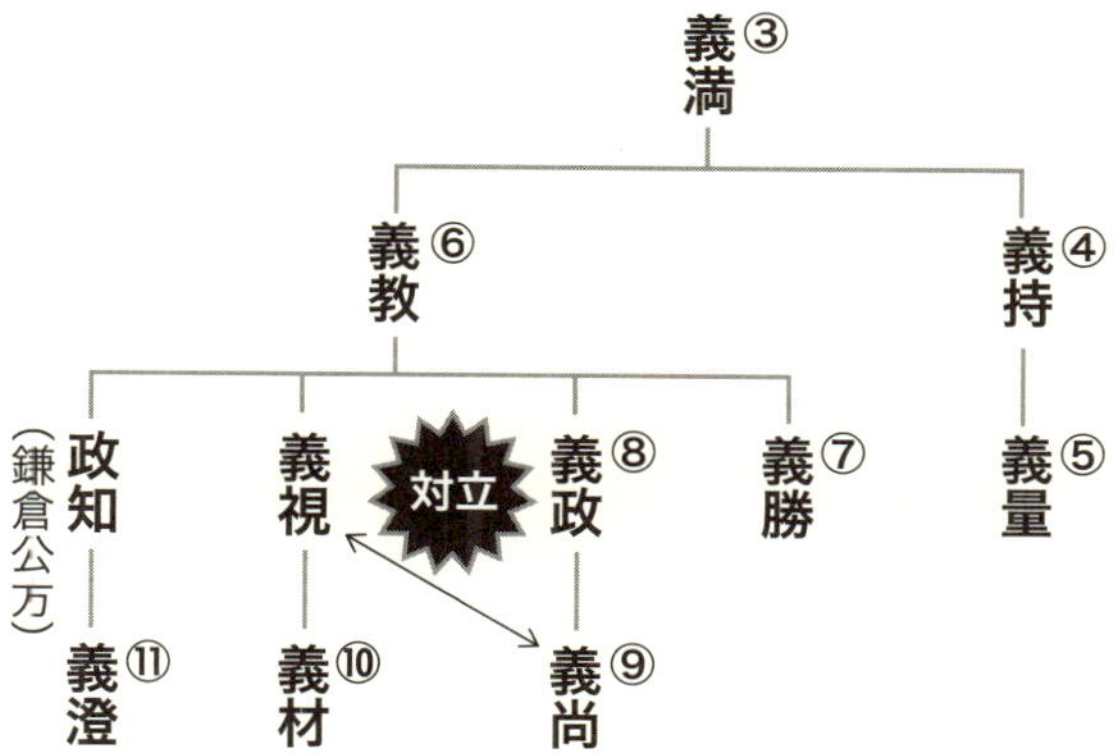

派に二分されたのである。

❖将軍側近の横暴

義尚の将軍就任に執念を燃やしたのは、乳父の伊勢貞親だった。富子は、自分の妹が義視に嫁いでいたこともあり、義視を中継ぎの将軍とすることに反対ではなかった。幕府に影響力をもち、互いに対立していた細川勝元と山名《やまな》宗全《そうぜん》も、義視を次期将軍とすることについては両人とも異論はなかった。

1466年（寛正《かんしょう》7、2月改元、文正《ぶんしょう》1）9月、伊勢貞親は強硬手段に出た。

当時、京では家督を廃された斯波義廉《しばよしかど》が山名宗全と結んで策動していたのだが、貞親は、義視が義廉や宗全と結んで将軍を討とうとしている、と義政に讒言《ざんげん》した。身の危険を感じた義視は勝元邸に逃げ込み、讒言のダシに使われた宗全は怒り、京に軍勢を呼び寄せるとともに、丹後《たんご》国の守護・一色義直《いっしきよしなお》や美濃《みの》国の守護・土岐成頼《ときしげより》、出雲《いずも》国の守護・京極《きょうごく》持清《もちきよ》らを抱き込み、勝元とも申し合わせて貞親の処分を義政に迫った。勝元と宗全は対立関係にあったが、貞親は共通の敵であり、また義視に対する理不尽な仕打ちに我慢ならず、このときは手を結んだのである。

これを知った貞親は京を出奔して近江《おうみ》国に逃れ、貞親の口利きで斯波家当主になっていた義敏も京を離れ、分国の越前《えちぜん》国に落ちていった。貞親が失脚する、この一連の事件を「文正の政変」という。

将軍家の継嗣争いは、こうして将軍側近の貞親一派の失脚という形でいちおうの決着は見たが、日野一族以外の有力な将軍側近がいなくなったことで、勝元と宗全の存在感が増すことになり、両者の対立は先鋭化していくのである。

応仁の乱のとき天皇は何をしていた？

❖武士に官位を与えることで地位を保っていた天皇家

応仁《おうにん》の乱の時代に皇位にあったのは後土御門《ごつちみかど》天皇（在位１４６４年～１５００年）であり、後花園《ごはなぞの》上皇（在位１４２８年～１４６４年）が院政《いんせい》をしいていた。

室町時代の日本は、幕府が政治の中心であり、天皇を頂点とする朝廷が政治に口を出すことはほとんどなかった。しかし、将軍や守護大名たちなどの官位（従一位《じゅいちい》や正三位《しょうさんい》などの位階と、左馬頭《さまのかみ》や大納言《だいなごん》などの官職）を与えるのは天皇であり、こうした点では存在意義はあったといえる。たとえば、細川勝元《ほそかわかつもと》は土佐《とさ》国・讃岐《さぬき》国・丹波《たんば》国・摂津《せっつ》国の守護であるが、それとともに従四位下右京大夫《じゅしいげうきょうたいふ》という官位をもっていた。守護職は幕府から補任されるもので、従四位下右京大夫は朝廷から授与されたものだ。

官位は、武家にとっては自らを権威づけるために必要なものであり、戦国時代になってもほとんどの戦国武将が官位をもっていた。天皇としては、武士に官位を与えることで自らの地位を保つことができたのである。また、武家が官位をもらうためには相応の礼物や礼銭が必要であり、ただでもらえるわけではなかった。それが皇室の重要な収入ともなっていた。

戦国時代の皇室が経済的に困窮していたことは知られているが、応仁の乱以前はまだそれほどではなかった。後土御門天皇の次の後柏原《ごかしわばら》天皇は大嘗祭《だいじょうさい》（天皇即位後最初の収穫祭で、皇室にとって重要な行事）を行えないほどだったが、後土御門天皇は1466年（文正《ぶんしょう》1）12月に将軍・足利義政《あしかがよしまさ》のしきりで大嘗祭を行っている。ちなみに、その1カ月後に上御霊社《かみごりょう》の戦いが起こり、応仁の乱が勃発した。

とはいえ、応仁の乱以前は、戦国時代のように官位が濫発されることはなく、相応の家格をもった武家でなければ官位をもらうことはできなかった。

当時の時代背景を見てみよう

❖将軍の権威は凋落していた？

応仁《おうにん》の乱は突発的に起こった戦ではない。その萌芽と呼べるようなものは、すでに20年以上前に芽生えはじめていた。それが、1441年（永享《えいきょう》13、2月改元、嘉吉《かきつ》1）の嘉吉の変による将軍権威の凋落である。

同年、当時の6代将軍・足利義教《あしかがよしのり》は、関東で起こった反乱・結城《ゆうき》合戦の鎮圧を祝う会に参加するため、赤松教康《あかまつのりやす》邸に出向いた。そこには管領《かんれい》の細川持之《ほそかわもちゆき》以下、山名宗全《やまなそうぜん》や大内持世《おおうちもちよ》ら幕府の主要メンバーが顔をそろえていた。

ところが宴の途中で、教康が義教を殺害するという事態に発展した。赤松父子は討伐されたが、このとき活躍したのが、応仁の乱の一方の主役である山名宗全だった。赤松家討伐の主力となって活躍した宗全は戦後、赤松家の所領だった播磨《はりま》国・美作《みまさか》国・備前《びぜん》国の3

嘉吉の変で殺害された6代将軍・足利義教（妙興寺蔵）。

カ国を手に入れ、合計9カ国の守護を兼ねる大勢力となったのである。

一方、嘉吉の変を契機に、将軍の権威は低下していく。まず、殺害された義教は、「万人恐怖」と呼ばれるほどの独裁政治をしいたが、将軍権威の向上に努めた将軍であり、義教の死によってその箍《たが》がはずれてしまった。

さらに、義教の跡を継いだ義勝《よしかつ》はわずか8歳の幼年君主であったうえ、在任わずか8カ月で死んでしまう。義勝の後継が、応仁の乱時の将軍である足利義政《よしまさ》だが、将軍に就任したのは7歳。2代続けて幼年君主が続いたことにより、それを補佐する管領《かんれい》などの守護大名の権威が再び向上したのである。

❖ 飢饉で京に流民があふれる

また、当時は世情も停滞していた。1459年（長禄《ちょうろく》3）〜1460年（長禄4、12月改元、寛正《かんしょう》1）にかけて、西日本では天候不順が続き、凶作・飢饉《ききん》に見舞われていた。とくに中国地方の状況はひどく、中国各地の飢民が京都に流れ込んできた。とはいえ、京都に食料がありあまっていたわけではなく、多くの飢民が流れ込んできたため、あっという間に食糧が尽きてしまった。1461年（寛正2）の春には、毎日500人が飢え死にしたともいわれる惨状を呈した。

当時、足利義政は25歳の壮年将軍である。しかし、義政は何の対策も打つことはできず、自発的にボランティアをはじめた願阿弥《がんあみ》という時宗《じしゅう》の僧侶にいくばくかの支援をしたにすぎなかった。足利義政といえば、政治を顧みず文化に傾倒したことで有名だが、幕府御所の増築に執着して、時の天皇・後花園《ごはなぞの》天皇に叱責されたことさえあった。天皇からの叱責があったのが、飢饉で京が大変な状況になっている、このときだった。

しかし、その天皇も、飢饉に対して何かをしたかというと、般若心経を写して死んだ民を供養するくらいが関の山であった。

この飢饉は1462年（寛正2）にはおさまったが、民衆の窮乏が救われたわけではない。それなのに、将軍義政は豪奢《ごうしゃ》をきわめていた。天皇に叱責された幕府御所の増築も結局は続行し、1464年（寛正4）4月には大規模な勧進猿楽を挙行、翌年春には関白・

管領を侍らせた、派手な観桜の宴を行った。こうした贅沢の費用は、年貢であり税金であり、割を食うのは結局農民や市民だった。

こうして生活に追われるようになった農民たちは徒党を組み、在地の国人と結びついて蜂起するようになった。また、借金に苦しむ市民たちも徒党を組んで徳政《とくせい》一揆を起こした。京市内では盗賊などの悪党が略奪を行うことも多々あった。

応仁の乱前夜は、すでに世情は頽廃《たいはい》しており、政情も不安定で、大事件がいつ起こってもおかしくない状況だったのである。

第2章

応仁の乱、勃発！

山名宗全による畠山政長追放のクーデター

❖畠山政長が管領を罷免される

1466年（寛正《かんしょう》7、2月改元、文正《ぶんしょう》1）8月、紀伊《きい》国高野山《こうやさん》に遁走《とんそう》していた畠山義就《はたけやまよしなり》が動きだした。その前月に斯波《しば》家の家督が義廉《よしかど》から義敏《よしとし》に変えられ、義廉を推す山名宗全《やまなそうぜん》が分国に動員をかけて京に兵を集めていた頃である。義就は大和《やまと》国から河内《かわち》国に進出すると、9月3日に畠山政長《まさなが》方の烏帽子形《えぼしがた》城を落とし、17日には嶽山《だけやま》城を陥落させた。さらに義就は大和国の布施《ふせ》氏・高田《たかだ》氏を攻めるなど、大和国で勢力を拡大させていった。

義就の動きに目をつけたのが宗全だった。伊勢貞親《いせさだちか》ら将軍側近と義敏を追放したことで、管領《かんれい》・畠山政長や京極持清《きょうごくもちきよ》を味方につけていた細川勝元《ほそかわかつもと》が幕政を仕切る立場におり、宗全は義就と結ぶことで勝元に対抗しようとしたのである。

同年12月24日、義就は軍勢を率いて入京すると千本釈迦堂《せんぼんしゃかどう》に布陣した。宗全はさっそく

当時の京市内

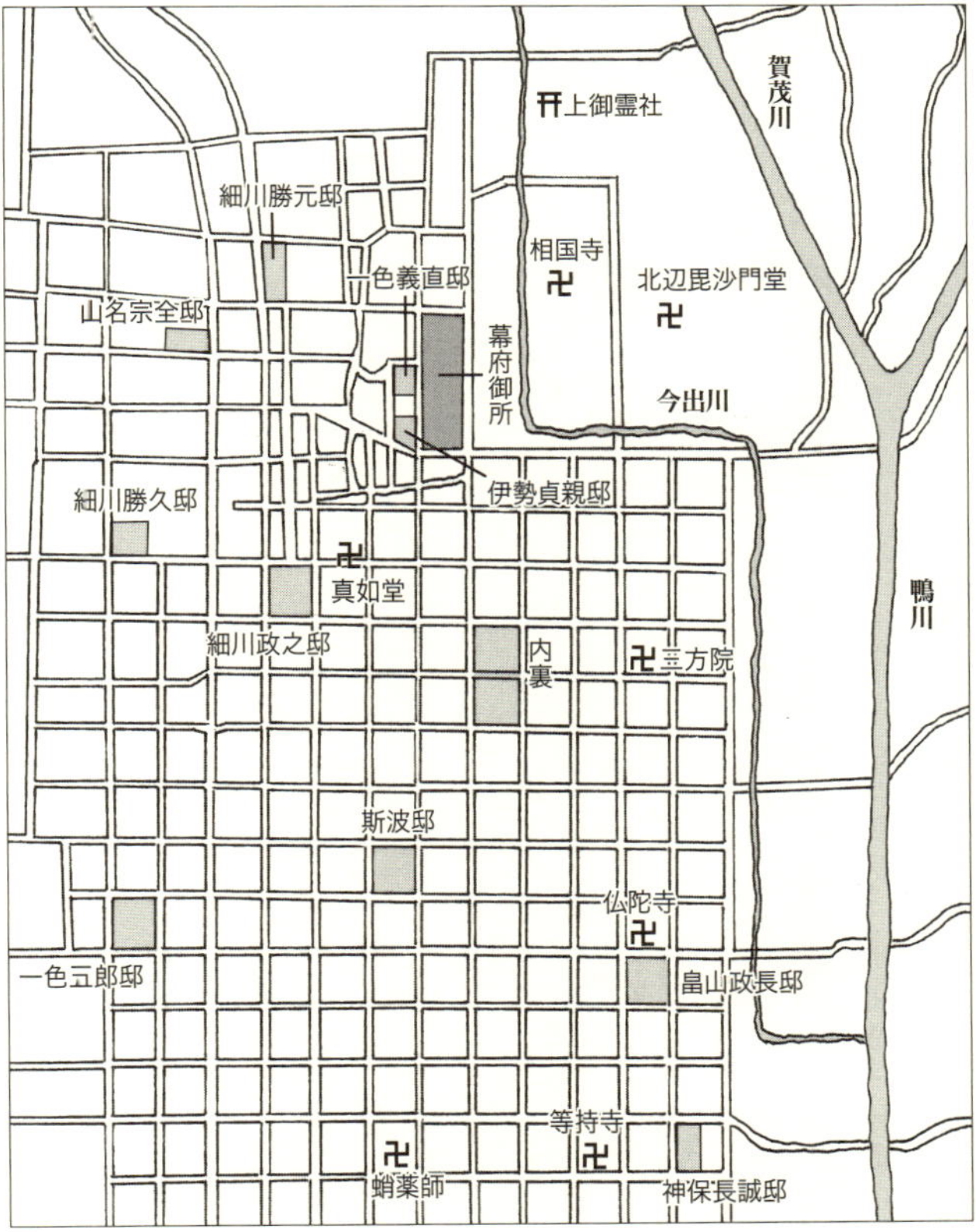

賀茂川
上御霊社
細川勝元邸
相国寺
北辺毘沙門堂
一色義直邸
山名宗全邸
幕府御所
今出川
伊勢貞親邸
細川勝久邸
真如堂
鴨川
細川政之邸
内裏
三方院
斯波邸
仏陀寺
一色五郎邸
畠山政長邸
等持寺
蛸薬師
神保長誠邸

手を打ち、翌1467年（文正2、3月改元、応仁《おうにん》1）正月2日、将軍足利義政《あしかがよしまさ》と義就を引見させ、5日には義就が義政と足利義視《よしみ》を山名邸に招き、諸将とともに正月を祝った。そして翌6日、義政は畠山政長の管領職を解任し、邸宅を義就に明け渡すよう政長に命じた。新たに管領に就任したのは、宗全派の斯波義廉だった。

❖政長はどう動いたか？

突然の管領罷免に怒った政長は、邸宅の明け渡しを拒否し、畠山家執事の神保長誠《じんぼながのぶ》を呼び寄せて櫓《やぐら》や垣などをつくって戦備を整え、市中を放火略奪した。政長を推す（というより宗全と対立する）細川勝元、京極持清、赤松政則《あかまつまさのり》らが義政に義就討伐を上申する構えを見せると、宗全側が義政と次期将軍となる予定の足利義視を抱え込み、京は正月から一触即発の空気に満ち溢れた。

義政は、義就の家督相続と義廉の管領就任を認めることで宗全方についたかに見えたが、一方では政所執事《まんどころしつじ》代の斎藤親基《さいとうちかもと》を使者として政長を助けるよう細川方に内密に伝えていた。両天秤にかけたのである。

義政と義視をとられた政長は、打つ手をなくし、ついに17日、自邸を焼き払って上御霊《かみごりょう》

管領を罷免された畠山政長が布陣した上御霊社（京都市上京区）。政長はここの境内に陣をはった。

社《しゃ》に陣をはった。政長の行動は、意外な行動として受け止められた。これまでも畠山家では家督がころころ変わっていたが、家督を廃された者はその都度、京から出ていき、後日を期すのが普通だったからだ。しかし、今回の政長は違った。なぜ政長が京市内に布陣したのか理由はわからないが、突然の解任劇がよほど腹に据えかねたのだろう。

政長が動くと、宗全はすぐさま後土御門《ごつちみかど》天皇と後花園《ごはなぞの》上皇を幕府御所に避難させ、一族のほか味方となった守護の軍勢を自邸に集めて、戦闘の準備を整えた。

こうして宗全による政長追放のクーデターは成功したが、京での戦乱勃発は避けられない状況となったのである。

応仁の乱の幕開け、上御霊社の戦い

❖ついに両軍が武力衝突

畠山《はたけやま》政長《まさなが》が上《かみ》御《ご》霊《りょう》社《しゃ》に着陣すると、畠山義就《よしなり》もすぐさま動き、18日早朝、政長方に攻撃をしかけた。政長軍は被官・一族ら1000騎のほか、大和《やまと》国の筒井《つつい》順宣《じゅんせん》の兵2000が加わった。対する義就軍は被官3000余騎だったという。ここに11年にわたる応仁《おうにん》の乱が勃発した。

戦闘はまる一日続いたが、これまで河内《かわち》国や大和国で戦いを繰り広げ、百戦錬磨の義就軍が圧倒した。義就軍には途中から越前《えちぜん》国の守護代・朝倉孝景《あさくらたかかげ》と、山名宗全《やまなそうぜん》の孫で宗全の後継者である山名政豊《まさとよ》が援軍にかけつけた。

戦いは政長軍の敗北に終わり、政長は拝殿に火を放って敗走、大和国の実力者・成身院《じょうしんいん》光宣《こうせん》の手引きで細川勝元《ほそかわかつもと》の屋敷に逃げ込んだ。

上御霊社の戦い

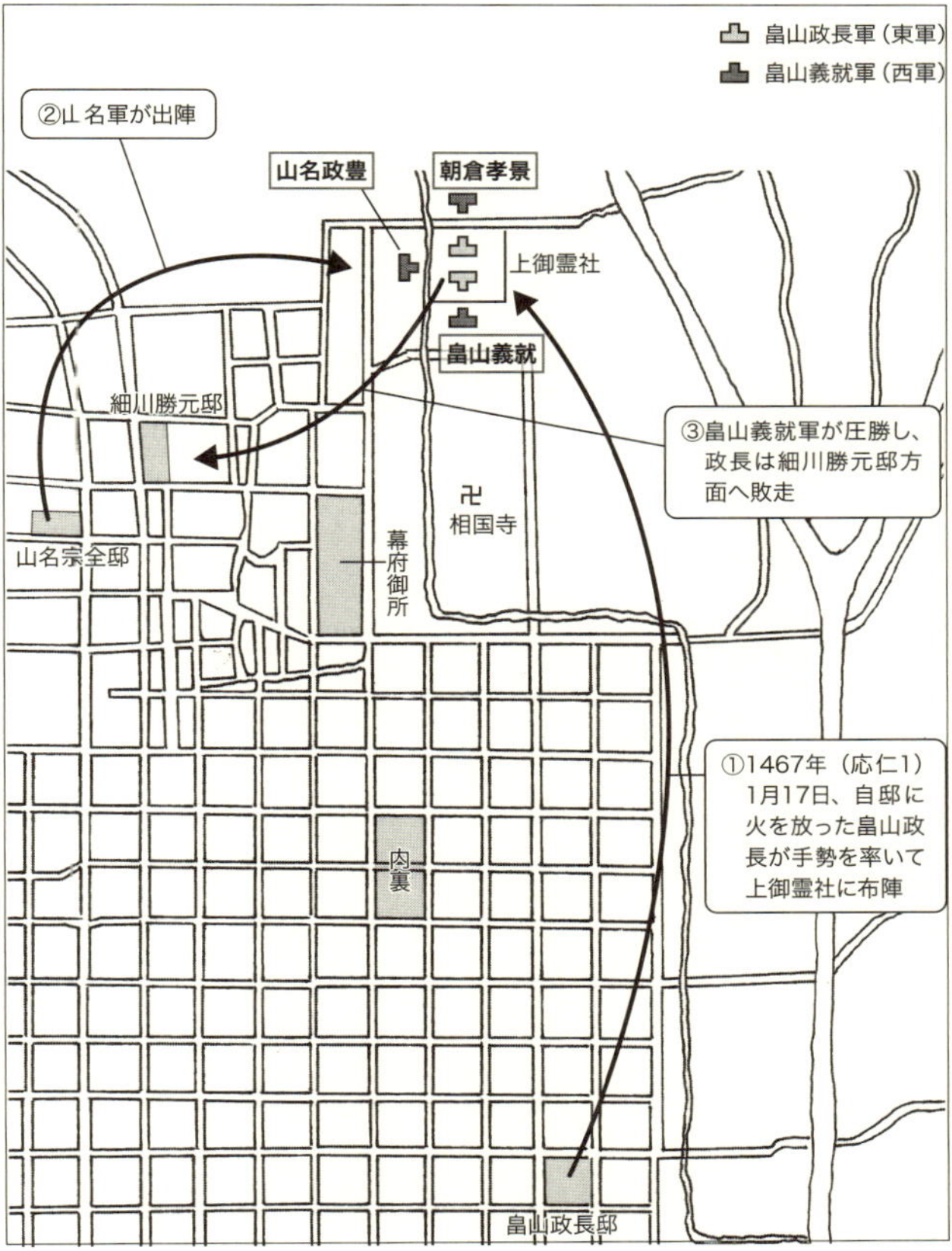

畠山政長軍（東軍）
畠山義就軍（西軍）
②山名軍が出陣
山名政豊
朝倉孝景
上御霊社
畠山義就
細川勝元邸
③畠山義就軍が圧勝し、政長は細川勝元邸方面へ敗走
山名宗全邸
相国寺
幕府御所
①1467年（応仁1）1月17日、自邸に火を放った畠山政長が手勢を率いて上御霊社に布陣
内裏
畠山政長邸

この戦いに際し、将軍・足利義政《あしかがよしまさ》は勝元と宗全に、「この戦いは畠山の私闘であり、加勢することは許さない」と告げており、勝元は義政の提言どおり動かなかった。

一方の宗全は次期後継者である政豊を送り込んでおり、両者の対応は対照的であった。とはいえ、朝倉軍や政豊軍が加勢に加わったのは、戦闘がほぼ終わった頃であったともいわれる。

しかし、勝元も当初は戦に参加するつもりはあったようで、赤松政則《あかまつまさのり》や武田信賢《たけだのぶかた》、吉良《きら》義直《よしなお》の諸将のほか、一門の細川成之《しげゆき》、細川勝久《かつひさ》、細川政国《まさくに》らの軍勢が集まっていた。

とはいえ、勝元が政長を救援しなかったのは事実であり、勝元は京の市民から「弓矢の道を失う」と非難され、卑怯者呼ばわりされたという。武家の面目をつぶされたかたちとなった勝元は、今後巻き返しを図ることになる。

勝元と宗全の対応が分かれたのは、宗全が天皇と上皇をおさえていたことも理由だった。実はこのとき、将軍は勝元と宗全の参戦を許さなかったが、後花園《ごはなぞの》上皇は政長追討の院宣《いんぜん》を出していたのである。

宗全は錦の御旗を手に入れることに成功していたこともあり、戦後、幕府からとくに処分をくだされることもなかった。

有力守護大名は東西どちらに味方したか

❖全国の守護大名の動向を見る

上御霊社《かみごりょうしゃ》の戦いを皮切りにはじまった応仁《おうにん》の乱は、多くの守護《しゅご》大名を巻き込んだ戦いとなった。ここでは、各地の守護大名がどちらの陣営に与したのかを見ていこう。

まず、西軍である。山名《やまな》一族からは、因幡《いなば》国の守護・山名豊氏《とようじ》、備前《びぜん》国・伯耆《ほうき》国守護・山名教之《のりゆき》、美作《みまさか》国・石見《いわみ》国守護・山名政清《まさきよ》の3人の守護大名が山名邸に駆けつけた。しかし、宗全の次男・山名是豊《これとよ》（備後《びんご》国・山城《やましろ》国守護）は、兄・教豊《のりとよ》との家督争いに敗れたことから宗全と仲違いしており、東軍についている。

畠山《はたけやま》家一族からは能登《のと》国守護・畠山義統《よしむね》が、四職《ししき》家からは丹後《たんご》国・三河《みかわ》国・伊勢《いせ》国守護の一色義直《いっしきよしなお》が西軍についた。細川勝元《ほそかわかつもと》と対立していた周防《すおう》国・長門《ながと》国・筑前《ちくぜん》国・豊前《ぶぜん》国守護・大内政弘《おおうちまさひろ》と伊予《いよ》国守護・河野通春《こうのみちはる》は、上御霊社の戦いには参戦しなかったが、西軍

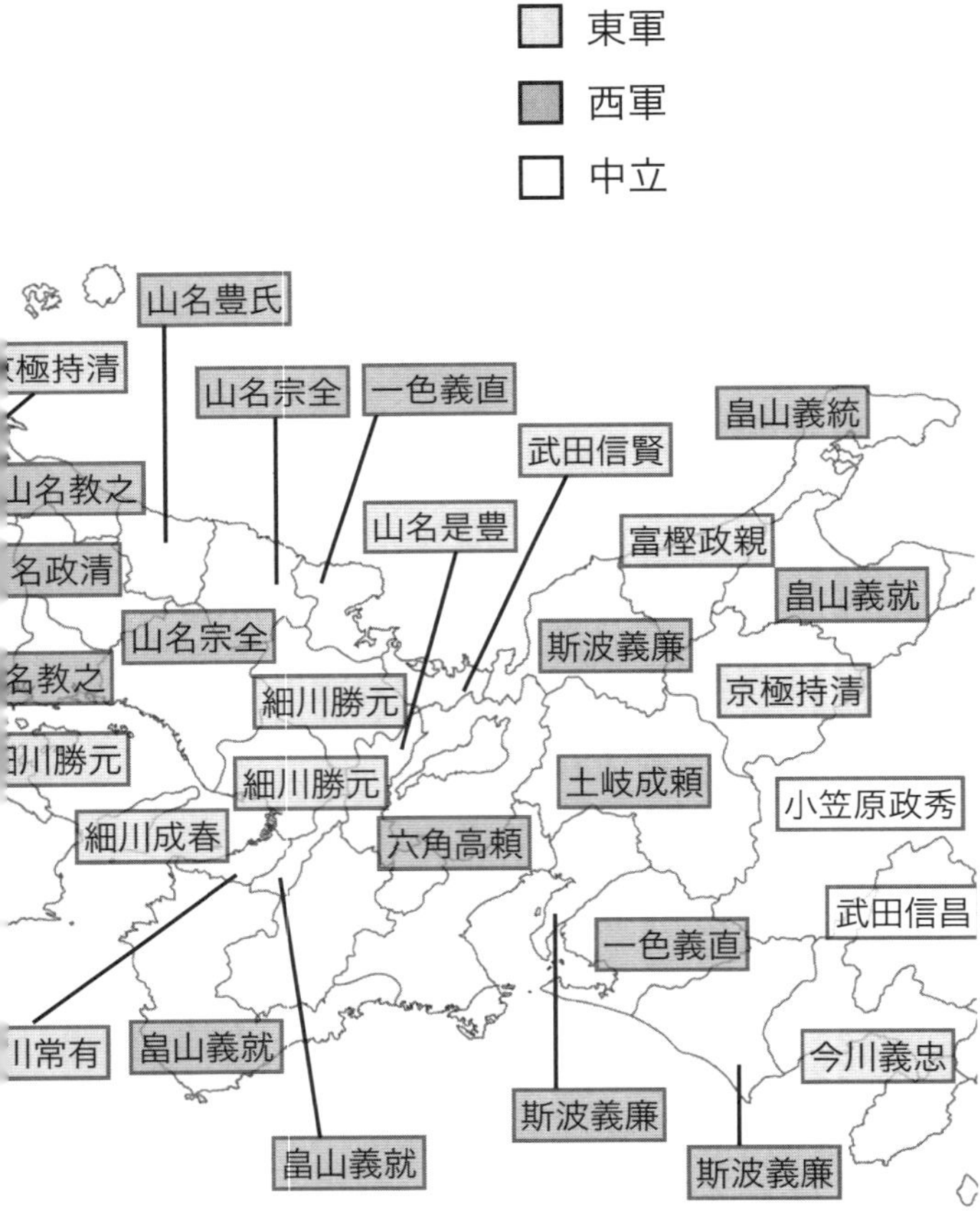
東軍
西軍
中立
山名豊氏
極持清
山名宗全
一色義直
畠山義統
武田信賢
山名教之
山名是豊
富樫政親
名政清
畠山義就
山名宗全
斯波義廉
名教之
細川勝元
京極持清
川勝元
細川勝元
土岐成頼
小笠原政秀
細川成春
六角高頼
武田信昌
一色義直
川常有
畠山義就
今川義忠
斯波義廉
畠山義就
斯波義廉

応仁の乱開戦時の東軍と西軍の陣容

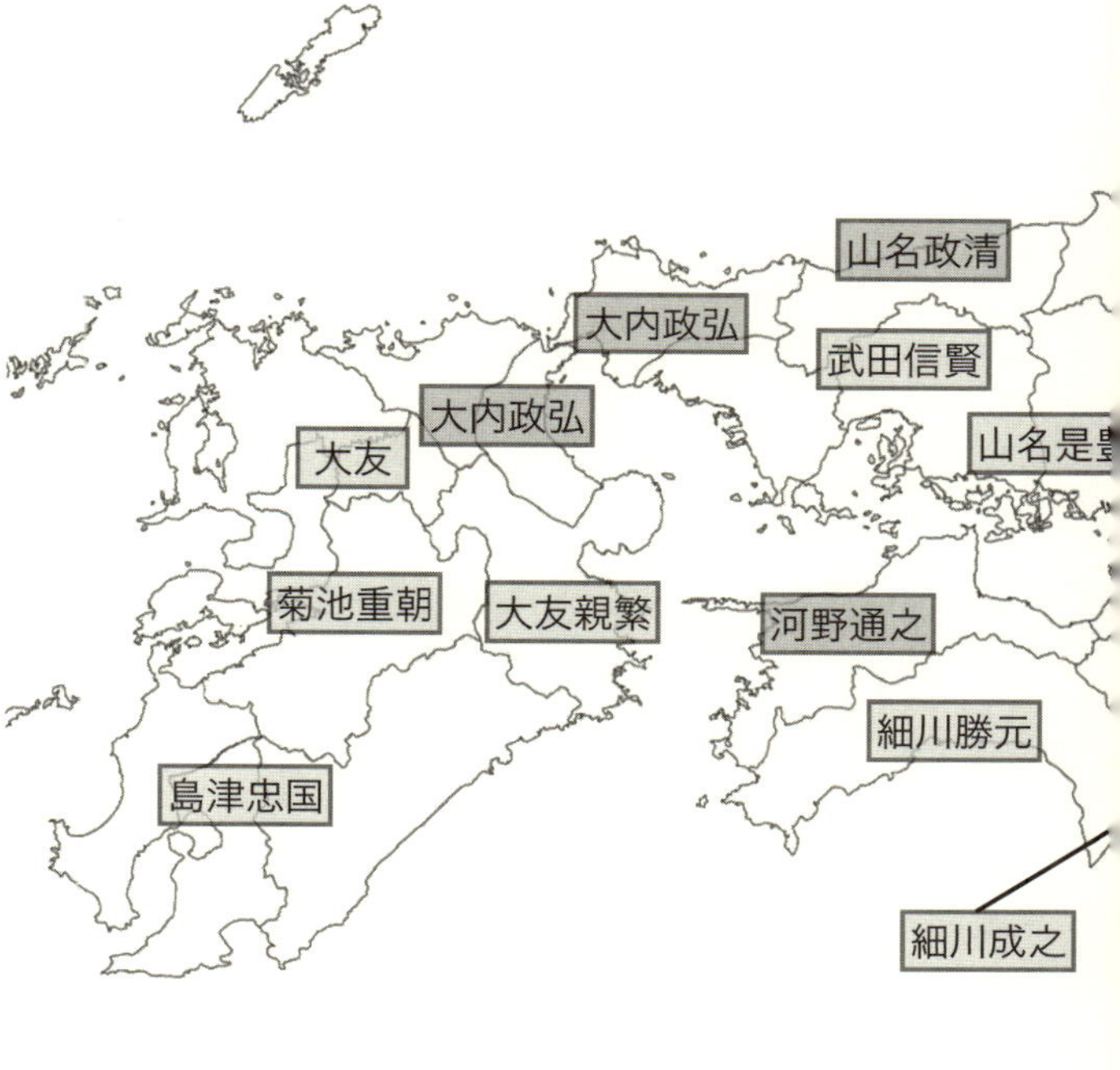

に心を寄せていた。

そのほか、近江国《おうみ》の半国守護・六角高頼《ろっかくたかより》、美濃国《みの》の守護・土岐成頼《ときしげより》、三河国《みかわ》の有力国人・吉良義勝《きらよしかつ》、加賀国《かが》の守護・富樫成春《とがしなりはる》の次男・富樫幸千代丸《ゆきちよまる》などが山名邸に集っていた。

❖東軍に加担した錚々たる顔ぶれ

次に東軍である。山名家は一族の中から離反者を出したが、細川家は応仁の乱に際しては一枚岩だった。勝元以外に守護職にあった細川一族は、淡路国《あわじ》の守護・細川成春《しげはる》と、阿波国《あわ》の守護・細川成之《しげゆき》、和泉国《いずみ》の半国守護・細川常有《つねあり》である。

四職家のうち飛驒国《ひだ》・出雲国《いずも》・近江国《おうみ》の半国守護、京極持清《きょうごくもちきよ》は、西軍についていた南近江の六角高頼と対立しており、東軍についた。また、嘉吉《かきつ》の変（1441年）で没落していた赤松家《あかまつ》の当主・赤松政則《まさのり》は、旧領である播磨国《はりま》・備前国を山名家から取り返す絶好の機会が訪れたとして勝元を支持した。

足利一門からは駿河国《するが》の守護・今川義忠《いまがわよしただ》が東軍に与した。義忠のもとには勝元と宗全から勧誘の書状が届いたが、義忠は「守護の任務は将軍の警固である」と主張して、勝元支持で家中をまとめた。しかし、それは表の理由である。今川家はかつて遠江国《とおとうみ》の守護を務めていたが、斯波《しば》家に取って代わられた経緯があり、義忠は西軍の斯波義廉《よしかど》と対立していたのだ。

若狭《わかさ》国の守護・武田信賢《たけだのぶかた》は、隣国丹後国の守護・一色義直との対立関係から東軍に入った。

九州地方の各大名は、こぞって東軍についた。豊後《ぶんご》国守護・大友親繁《おおともちかしげ》、肥後《ひご》国守護・菊《きく》池重朝《ちしげとも》、大隅《おおすみ》国・薩摩《さつま》国・日向《ひゅうが》国守護・島津忠国《しまづただくに》の3名である。彼らは北九州地方に勢力を拡大する大内家との対立から東軍についたが、菊池家は大友家とも対立しており、重朝はやがて西軍に鞍替えした。また、島津忠国は東軍についたとはいえ、勝元からの援軍の派兵を断るなど、中立の態度をとった。そのほか、かつての筑前《ちくぜん》国守護で北九州の名門・少弐教頼《しょうにのりより》も、失地回復を望んで大内家と対立、東軍についた。

こうして、西日本の守護たちは東軍・西軍に分かれて戦うことになったのだが、それでは、東日本の守護はどうしたのだろうか。当時は甲斐《かい》国の守護が武田信昌《のぶまさ》、信濃《しなの》国の守護が小《お》笠原政秀《がさわらまさひで》、相模《さがみ》国の守護が扇谷上杉政真《おうぎがやつうえすぎまさざね》（異説あり）、武蔵《むさし》国・伊豆《いず》国・上野《こうずけ》国の守護が山内上杉顕定《やまのうちうえすぎあきさだ》、常陸《ひたち》国の守護が佐竹《さたけ》家、下総《しもうさ》国の守護が千葉《ちば》家といった顔ぶれだが、彼らは応仁の乱には登場しない。彼らが応仁の乱に参戦しなかった理由については、第3章で改めて述べることにする。

京を焼き尽くした戦い！
上京の戦い

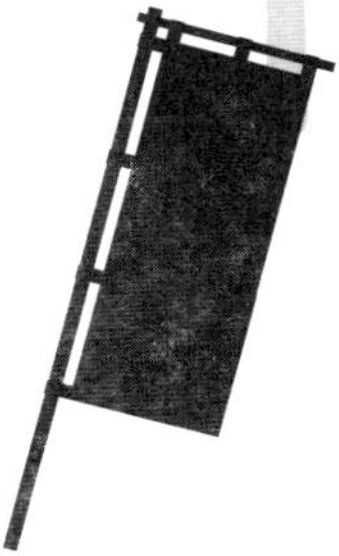

❖細川勝元が汚名返上に動く

1467年（文正《ぶんしょう》2、3月改元、応仁《おうにん》1）1月18日に上御霊社《かみごりょうしゃ》の戦いが終わったあと、細川勝元《ほそかわかつもと》が兵を出さなかったこともあり、京は再び平穏を取り戻した。幕府御所に避難していた天皇と上皇も、20日には内裏《だいり》に帰っていった。上皇の院宣《いんぜん》という切り札を手に入れていた山名《やまな》軍は、宗全《そうぜん》を筆頭に誰も罰せられることはなく、逆に将軍足利義政《あしかがよしまさ》は23日、大和《やまと》国の守護・興福寺《こうふくじ》に対して畠山政長《はたけやままさなが》とその与党の逮捕捜索を命じた。政長軍は朝敵となるとともに、幕府に反した謀反人となってしまったわけだ。

勝元は兵を出すことはなかったが、政長の与党であることは明白であり、幕府から追われる立場となった。細川家は足利家の一族として室町幕府を支えてきた自負があり、細川家の重鎮だった細川持賢《もちかた》は、「将軍の敵となることは口惜しき次第なり」と嘆いた。細川家は一族をあげて山名軍との戦いを決意し、分国から兵を集め、各国の大名にも書状を送って上京を促した。

こうした不穏な状況のなかの2月末、足利義視《よしみ》が宗全と勝元の屋敷を訪れ、調停を図ったが功を奏しなかった。

3月3日、この日は幕府御所で節供《せっく》の祝儀が行われた。山名宗全、斯波義廉《しばよしかど》、畠山義就《よしなり》、一色義直《いっしきよしなお》、土岐成頼《ときしげより》、六角高頼《ろっかくたかより》などが参列したが、勝元以下細川一族や斯波義敏《よしとし》、京極持清《きよ》など勝元一派は出仕しなかった。誰の目にも両者の対立は明らかで、ちょうどこの日、伯耆《ほうき》国守護・山名教之《のりゆき》の家臣が細川成之《しげゆき》（阿波《あわ》国守護）の召使を殺害するという事件が起こっており、細川方の怒りを買った。

勝元にとって気がかりだったのは、周防《すおう》国など4カ国の守護を務める大内政弘《おおうちまさひろ》の動向だった。細川家と対立していた政弘が山名方につくのは目に見えていたが、政弘がいつ上京するのかが問題だった。3月後半になると、政弘が上京するといううわさが京の人々の口に立つようになり、勝元は安芸《あき》国守護・山名是豊《これとよ》（宗全の次男だが、宗全と対立していたため東軍にいた）を通して安芸国の有力国人・毛利豊元《もうりとよもと》らに大内軍を牽制させた。

4月になると、両派の対立はさらに険悪化し、山名軍が分国から運び込もうとした兵糧を、丹波《たんば》方面で細川軍が奪い取るという小競り合いが起こった。さらに5月には、播磨国《はりま》の支配権をめぐって山名家と対立していた赤松政則《あかまつまさのり》が、勝元の支援を受けて挙兵、宗全の領国である播磨国に侵攻した。

さらに摂津《せっつ》国の国人で細川家の被官だった池田充正《いけだみつまさ》が野武士1000人を従えて入京するなど不穏な空気が流れ、京の人々は「一天の大乱になるべきか」と恐れ、家財をもって避難する人も現れた。もはや両軍の激突は時間の問題であった。

❖上京の戦い勃発！

1467年（文正2、3月改元、応仁1）5月26日、京市民が恐れていた事態がついに起こった。細川方の大和《やまと》国の国人・成身院光宣《じょうしんいんこうせん》が、幕府御所の向かいにあった一色義直の屋敷に隣接する正実坊（酒屋・土倉《どそう》の元締め）を占拠したのである。

義直は直前に脱出して自邸から宗全邸に移り、そのすきに光宣が義直邸を焼き払った。勝元は足利義視《よしみ》を幕府御所に移すと自身も御所に入って将軍一家を抱え込み、ここを本陣とした。赤松政則、武田信賢《のぶかた》、京極持清、斯波義敏らが集まり、細川家被官の薬師寺元長《やくしじもとなが》（摂津国守護代）、安富盛長《やすとみもりなが》（讃岐《さぬき》国東部守護代）、香川元明《かがわもとあき》（讃岐国西部守護代）、内藤元《ないとうもと》

上京の戦い

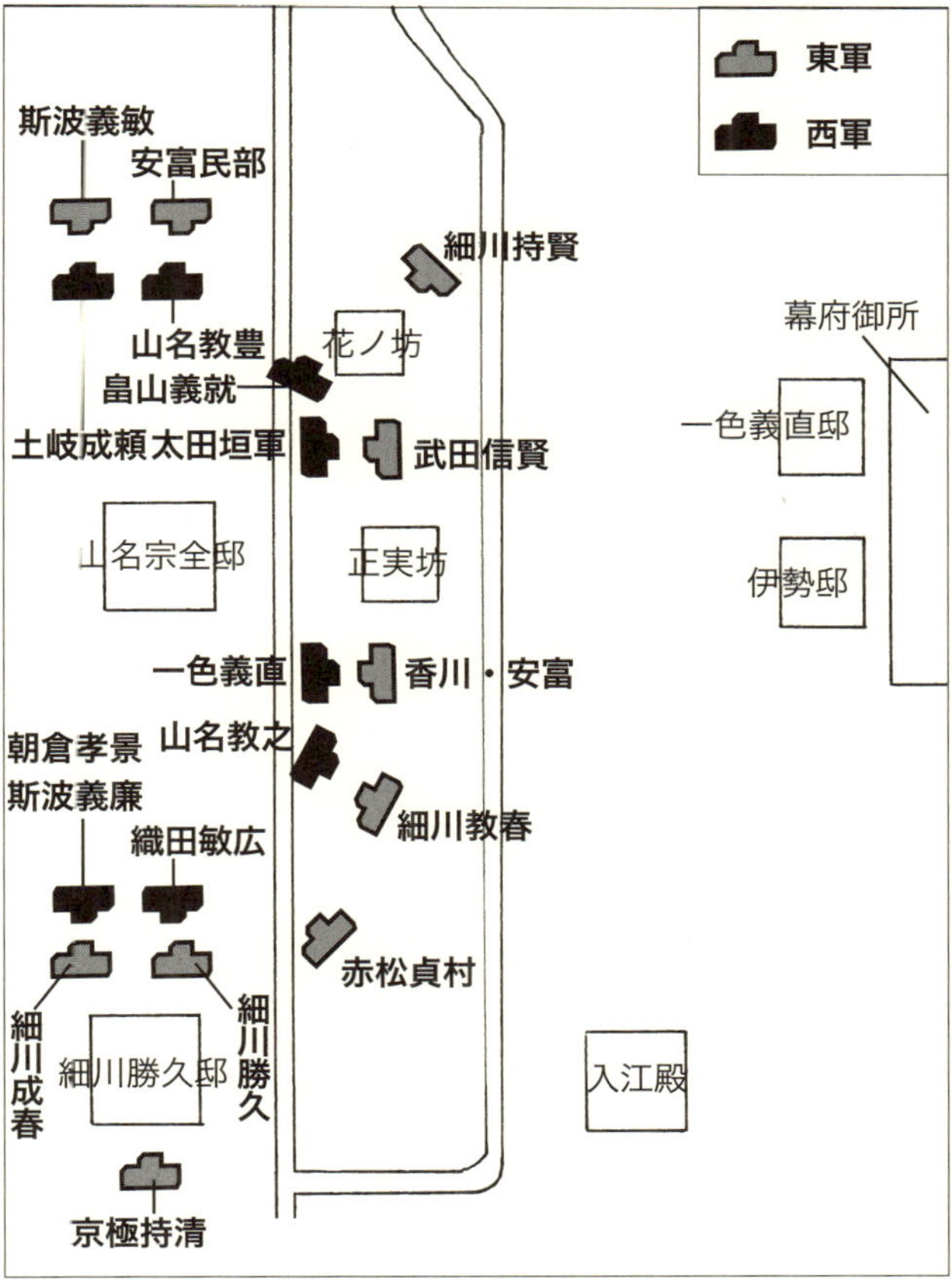
東軍
西軍
斯波義敏
安富民部
細川持賢
山名教豊
花ノ坊
幕府御所
畠山義就
土岐成頼
太田垣軍
武田信賢
一色義直邸
山名宗全邸
正実坊
伊勢邸
一色義直
香川・安富
山名教之
朝倉孝景
斯波義廉
細川教春
織田敏広
赤松貞村
細川成春
細川勝久邸
細川勝久
入江殿
京極持清

貞《さだ》（丹波国守護代）らが兵を率いて布陣した。

対する山名軍も主力1万5000の兵を集めて応戦し、ついに戦闘の火蓋が切られた。

このとき、両軍の本陣の位置が、細川軍が東にあったため、細川方を東軍、山名方を西軍と呼ぶようになった。

実相院方面では、安富・香川率いる讃岐勢（東軍）と山名軍の主力（西軍）がぶつかり、舟橋《ふなばし》口では内藤元貞率いる丹波勢と赤松政則軍（東軍）が、山名豊氏《とようじ》率いる因幡勢と、山名政清率いる石見勢（西軍）と激戦を繰り広げた。

安居院大宮《あんごいんおおみや》方面では、京極持清・斯波義敏軍（東軍）が、土岐成頼率いる美濃勢（西軍）と戦った。

細川成之邸（東軍）には、斯波義廉の被官・朝倉《あさくら》孝景《たかかげ》軍と、畠山義就の被官・甲斐庄軍（西軍）が合

COLUMN

山名是豊はなぜ東軍にいたのか

応仁の乱は東軍が細川、西軍が山名という図式だが、東軍に山名是豊が名を連ねている。是豊は山名家の傍流などではなく、宗全の次男というエリートだった。なぜ、父子でたもとを分かったのか。実は是豊は宗全と折り合いが悪かったのである。応仁の乱勃発の7年前、兄の教豊が宗全と対立したことがあった。このとき是豊は、自分が当主になることを望んだのだが、教豊はすぐに赦免され、当主に復帰した。是豊はこのことを怨み、父や兄など一族たちと手を切り、勝元に与したのだった。

流して襲いかかった。

こうしてはじまった戦いは2日間続き、東は知恩寺《ちおんじ》、西は一条《いちじょう》大宮、南は二条《にじょう》というう狭い範囲で、両軍による本格的な戦いが行われたのである。戦いは、おおむね東軍優勢で終わった。

将軍義政は、いったんは両軍に停戦を命じたが、勝元の圧力に屈して勝元に牙旗《がき》を与え、山名追討を命じた。このとき、義政の正室・日野富子《ひのとみこ》とその兄・日野勝光《かつみつ》は、この戦いは将軍家に対する反乱ではないという理由で牙旗の授与に反対したが聞き入れられなかったという。

これにより、今度は東軍が幕府軍となり、山名軍は幕府の敵となった。義政はさらに弟の足利義視を東軍の総大将に据え、東軍支持を明確に打ち出した。

勝元は後花園《ごはなぞの》上皇にも治罰の綸旨《りんじ》を出すよう要求したが、上御霊社の戦いで畠山政長追討(つまりは東軍追討)の院宣を与えていた上皇は、さすがに真逆の院宣を出すことを渋って勝元の要求を断っている。

戦の趨勢を変えた大内政弘の上京

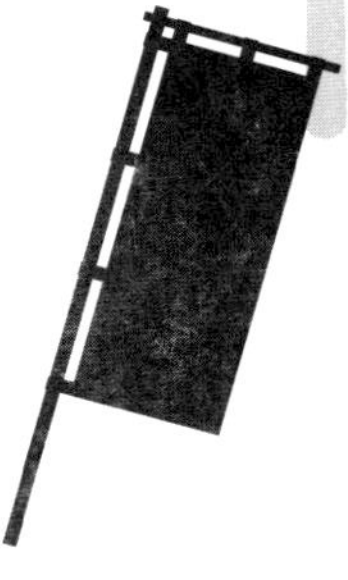

❖大内政弘がついに動く

上京《かみぎょう》の戦いのあと、再び両軍の間は小康状態となったが、各地で小競り合いは起こった。

上京の戦いで劣戦を強いられた山名《やまな》宗全《そうぜん》は、各国に号令を発し、積極的に兵力を集めていった。1467年（文正《ぶんしょう》2、3月改元、応仁1）6月中頃には大和《やまと》国の有力国人・古市《ふるいち》胤栄《たねさかえ》や越智《おち》家栄《いえひで》らが入京し、河内《かわち》国に潜伏していた畠山義就《はたけやまよしなり》の子・畠山義豊《よしとよ》が河内国と紀伊《きい》国の軍勢を引き連れて入京した。さらに山名一族の分国からは3万余騎という軍勢が細川《ほそかわ》家の分国である丹波《たんば》国に入り、東軍を破りながら進出し、京に入った。

兵力増強により士気の上がった西軍をさらに勢いづけたのが、大内《おおうち》軍の存在である。すでに述べたように、細川家と対立していた大内政弘《まさひろ》は、京で両者が対立をはじめると、宗全に近づき、上御《かみご》霊社《りょうしゃ》の戦いで両軍が激突したあと、着々と戦備を整えはじめていた。

そして、上京の戦いが勃発する前の5月10日(上京の戦いは5月26日)、政弘は海賊衆を先陣とする水軍約2000艘を率い、陸兵とともに周防《すおう》国山口《やまぐち》を出発したのである。陸路は、長門《ながと》国守護代家の杉修理《すぎしゅり》が率いる軍勢が京をめざして東進した。政弘は、大内家の筆頭重臣である周防国守護代・陶弘房《すえひろふさ》らの主力を従えて瀬戸内海を東進、途中で伊予《いよ》国の守護・河野通春《こうのみちはる》軍も合流して一路、京をめざした。

❖大内軍東上の入京

大内軍東上の知らせを受けた細川勝元《かつもと》は、安芸《あき》国の国人・小早川熙平《こばやかわひろひら》に大内軍の足止めを依頼したが、大内軍は周防国・長門国・安芸国・石見《いわみ》国・筑前《ちくぜん》国・筑後《ちくご》国・豊前《ぶぜん》国・伊予国8カ国の兵から成る大軍であり、小早川軍だけでは太刀打ちできなかった。

政弘率いる水軍は7月20日、摂津《せっつ》国兵庫《ひょうご》に入港した。勝元は大内軍の入京を阻止するために、摂津国守護代・秋庭元明《あきばもとあき》と赤松《あかまつ》軍を摂津に派遣し、各所に要害を築いて大内軍を待ち構えた。

兵庫の守りを固め、瀬戸内海の制海権を握った政弘は8月3日、兵庫を発った。摂津国水堂《みずどう》で秋庭・赤松軍と遭遇したが、大内軍が勝利した。これを見た摂津国の池田充正《いけだみつまさ》が西

大内政弘の上京

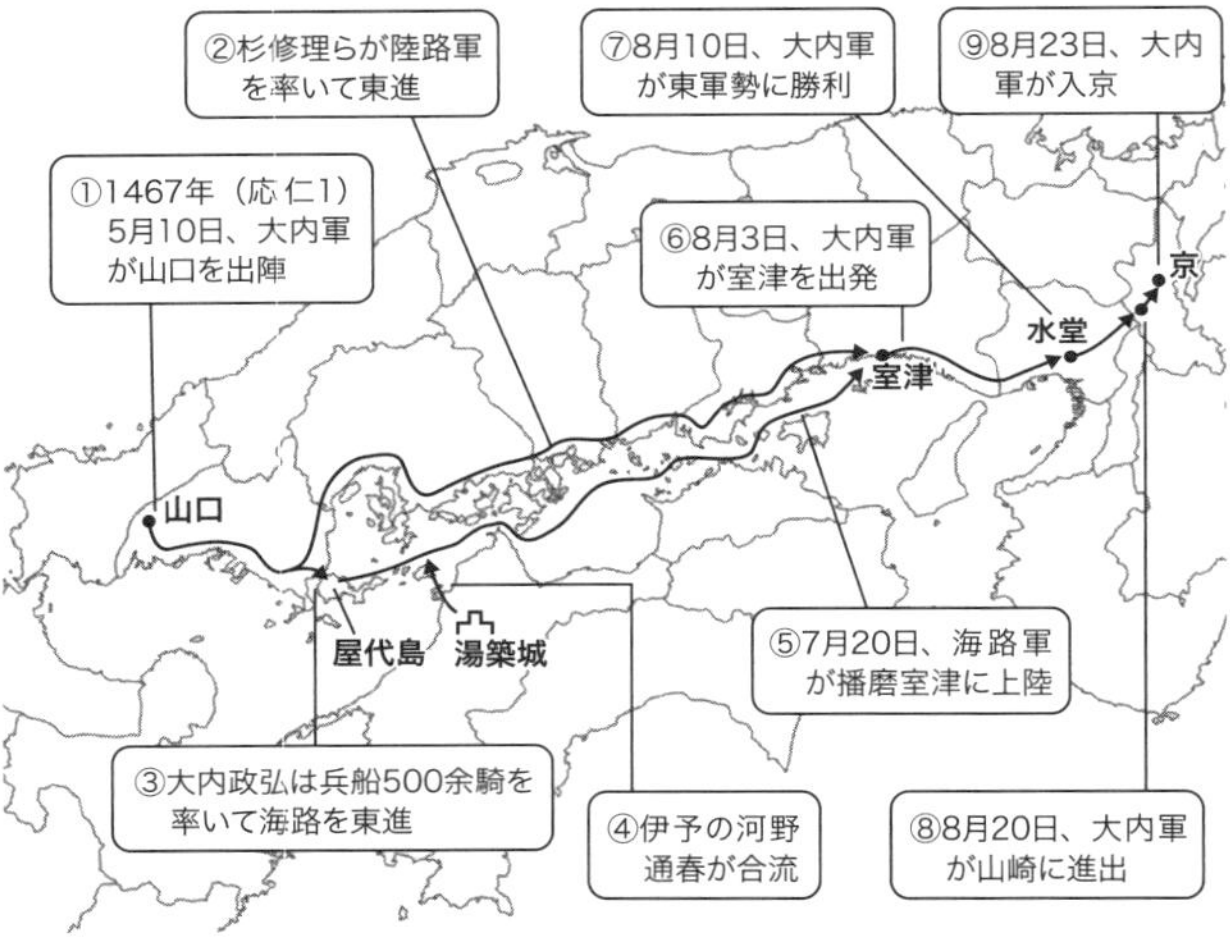

軍に寝返り、三宅《みやけ》氏や茨木《いばらぎ》氏などの摂津国人も大内方にはしった。そのため、大内軍はやすやすと摂津国内を通り抜け、20日には山城《やましろ》国内に入り、8月23日に入京し東寺《とうじ》に入った。総勢3万もの軍勢だったという。その間、東軍は斯波《しば》義廉《よしかど》邸への攻撃が失敗に終わるなどしており、大内軍を迎え撃つ余力はなかった。

勝元は皇室が西軍に取られることを心配し、同日、後土御門《ごつちみかど》天皇と後花園《ごはなぞの》上皇を幕府御所に移した。正月の上御霊社の戦いに引き続く遷幸《せんこう》（天皇がほかの場所へ移ること）に対し、廷臣たちは「1年に二度の遷幸とは、まさしく天下滅亡の基だ」と嘆いたという。

東軍の総大将・足利義視が遁走！

❖なぜ義視は逃げ出したのか

大内政弘《おおうちまさひろ》が入京し東寺《とうじ》に入った１４６７年（文正《ぶんしょう》2、3月改元、応仁《おうにん》1）8月23日、東軍の総大将だった足利義視《あしかがよしみ》が、突然京から出奔し、行方をくらませるという事態が起こった。

細川勝元《ほそかわかつもと》は将軍一家を自派に取り込んでおり、したがって将軍継嗣問題で対立しているはずの足利義尚《よしひさ》と日野富子《ひのとみこ》も、義視とともに幕府御所にいた。義尚派の日野勝光《ひのかつみつ》（富子の兄）も毎日のように幕府御所にやってきており、義視は東軍の総大将となったとはいえ、気が気ではない状況にいた。

実際に義視は、それより前の7月13日に幕府御所を出て、自分の屋敷である今出川《いまでがわ》邸に帰っていた。前月の段階で、すでに義視は東軍内での居場所を失っていたのだった。

また、それ以前に義視は、総大将に任じられた直後に、山名《やまな》方と縁戚関係のある近習や

足利義視の京脱出

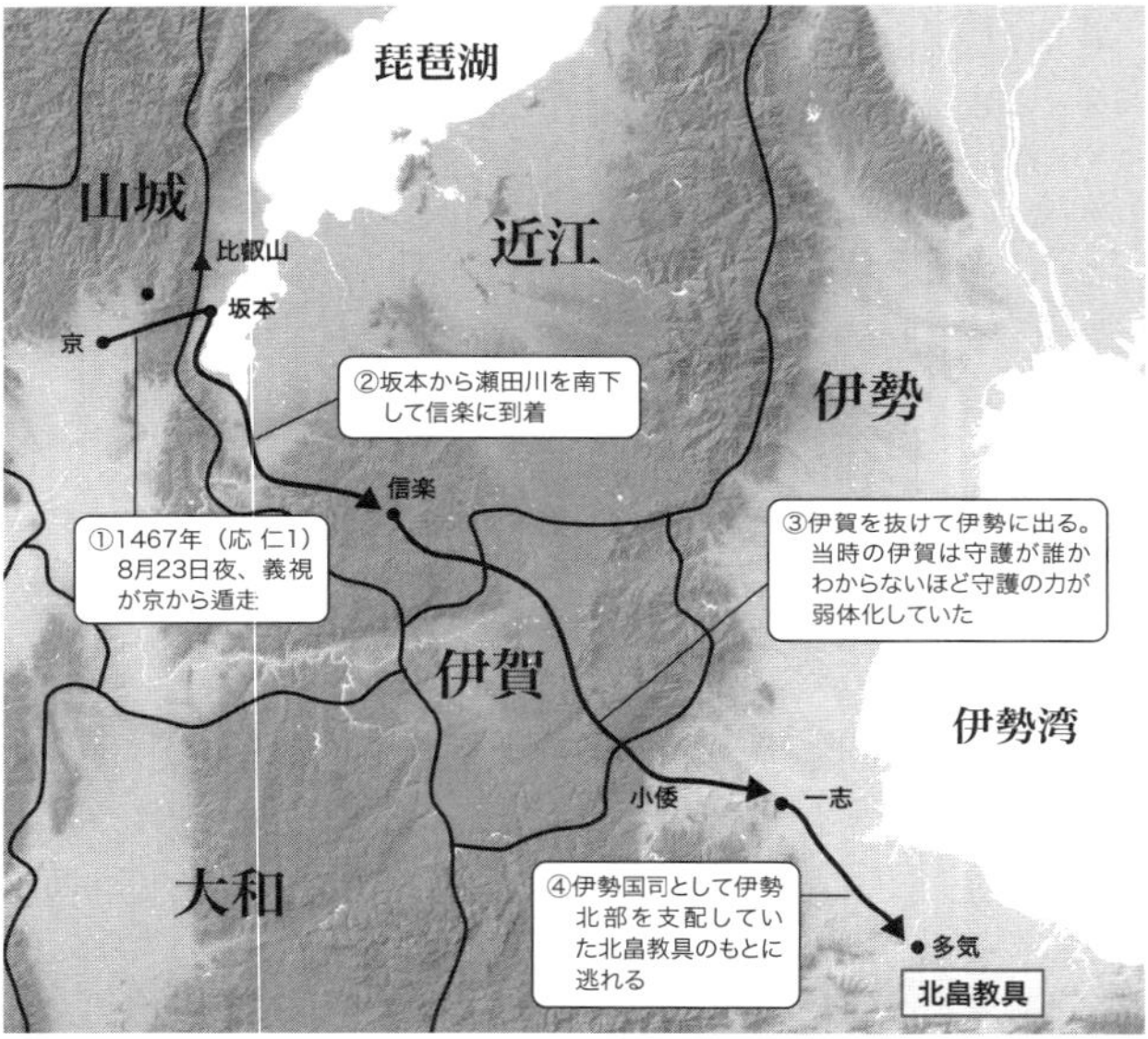
琵琶湖
山城
近江
比叡山
坂本
京
②坂本から瀬田川を南下して信楽に到着
伊勢
信楽
①1467年（応仁1）8月23日夜、義視が京から遁走
③伊賀を抜けて伊勢に出る。当時の伊賀は守護が誰かわからないほど守護の力が弱体化していた
伊賀
伊勢湾
小倭
一志
大和
④伊勢国司として伊勢北部を支配していた北畠教具のもとに逃れる
多気
北畠教具

女房を追放し、さらに西軍に気脈を通じた義政側近の飯尾為数《いのおためかず》父子を処刑していた。大内軍が入京したことで力を得た山名宗《やまなそう》全《ぜん》に報復される恐れもあった。

実際、畠山義就《はたけやまよしなり》は東寺まで進出し、一色義直《いっしきよしなお》は大内政弘とともに船岡山《ふなおかやま》に布陣して臨戦態勢をとっていた。

8月23日の夜、京を脱出した義視が向かったのは、伊勢《いせ》国だった。

当時の伊勢国は、国司《こくし》の北《きた》畠《ばたけ》教具《のりとも》が伊勢国南部を支配していたが、義視は教具を頼ったのである。

教具は東西両陣営から参戦の書状をもらっていたが、戦には不介入という立場を崩していなかったことが、義視が伊勢に下向した理由であった。

京から伊勢国まで義視を案内したのは、北畠一族の木造教親《こづくりのりちか》だったという。義視は逐電に際し、600人ほどの供を連れていっており、つまり義視の遁走は計画的であったようだ。

近江国坂本《おうみさかもと》へ脱出した義視は信楽《しがらき》を経て伊賀《いが》国に入り、9月中頃、教具の守護所がある伊勢国一志《いっし》郡の多気《たき》に落ち着いた。義視はその後、1年以上も伊勢に留まり、京に戻ることはなかった。

東西の優劣が逆転！東岩倉の戦い

❖西軍の巻き返し

大内《おおうち》軍という強い援軍を得た西軍は士気が上がり、一方、名目だけとはいえ総大将だった足利義視《あしかがよしみ》が逐電した東軍の士気は著しく下がった。

これまでいくらか劣勢だった西軍は攻勢に転じ、１４６７年(文正《ぶんしょう》2、3月改元、応仁《おうにん》1)9月1日、畠山義就《はたけやまよしなり》、畠山義統《よしむね》、土岐成頼《ときしげより》、六角高頼《ろっかくたかより》の軍勢が若狭武田《わかさたけだ》勢がこもる三宝院《さんぼういん》を攻めた。武田軍も守りを固めて抵抗したが敗れ、西軍は三宝院を焼き払った。勢いにのった西軍の軍勢は、三宝院から距離の離れていない浄華院《じょうげいん》に攻め寄せ、京極持清《きょうごくもちきよ》軍を駆逐した。東寺《とうじ》から船岡山《ふなおかやま》に陣を移していた大内政弘《まさひろ》も動き、鴨川《かもがわ》の近くまで進出して東軍を牽制した。

三宝院も浄華院も御所の近くであり、これ以上の戦火の拡大をおそれた将軍・足利義政《あしかがよしまさ》

は9月8日、畠山義就に対し「宗全と相談のうえ、それぞれ分国に帰ること。河内国《かわち》は義就と政長《まさなが》二人で分け合うこと」といった内容の内書（将軍の命令）を送り、停戦を命じた。しかし、義就以下の西軍諸将はこれを握りつぶし、さらなる攻勢をかけた。

9月13日、大将の山名宗全《やまなそうぜん》が自ら軍を率いて細川勝元《ほそかわかつもと》邸を攻撃し、畠山義就は幕府御所と内裏《だいり》を包囲、ついに内裏を占拠することに成功した。

当時は天皇も上皇も内裏にいなかったとはいえ、内裏を占領されたことは東軍にとっては不名誉な出来事であった。また、この戦いにより、京市内の南部は西軍が制圧することになり、上御霊社の戦いで優勢となっていた東軍はしだいに劣勢になっていく。

❖東岩倉で東西両軍が激突

その頃、大内軍を足止めするために摂津国に行き敗走していた秋庭元明《あきばもとあき》率いる細川軍と、浦上則宗《うらがみのりむね》率いる赤松《あかまつ》軍が合流して京に戻ってきていた。しかし、西軍が東軍を包囲していたため、東軍本陣へ戻れず、南禅寺《なんぜんじ》の裏山である東岩倉《いがしいわくら》（岩倉山）に陣取って本陣への帰還の機会をうかがっていた。

内裏を占領した西軍は9月18日、勝ち戦に乗じて東岩倉の秋庭・浦上軍への攻撃を開始

東岩倉の戦い

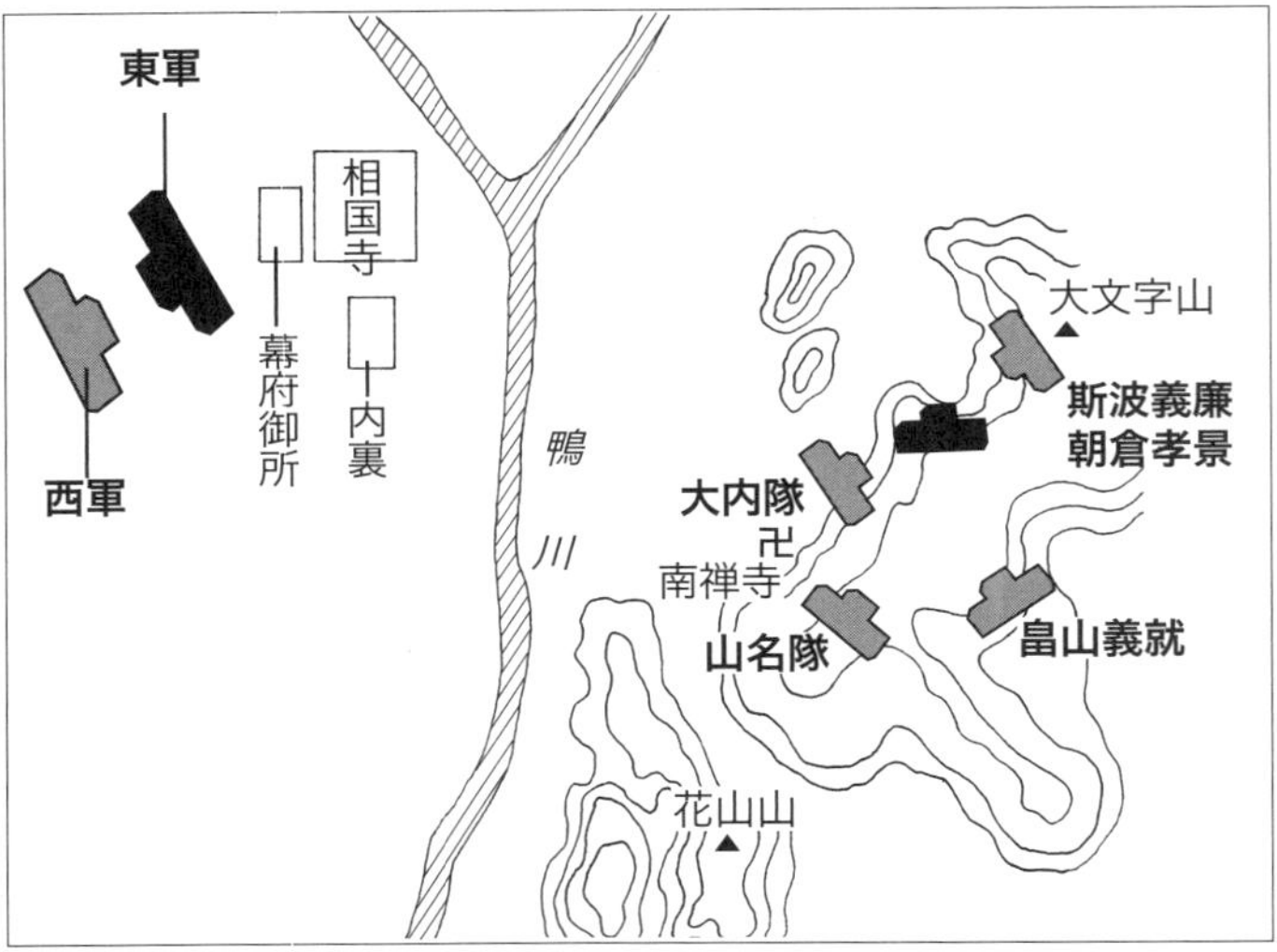

した。しかし、東軍は攻めのぼってくる相手に対して岩を落とし、石つぶてを投げ、矢を射下ろして防戦に努め、西軍による連日の猛攻を防いだ。両軍の戦いは半月ほども続き、南禅寺はもちろん、青蓮院《しょうれんいん》など近隣の寺々も放火被害にあい、廃墟と化した。

10月2日、西軍の猛攻をなんとか防ぎきった東軍は、西軍が撤退したすきをついて東岩倉の陣をとき、上御霊《かみごりょう》社《しゃ》方面へ回って東軍本陣にたどり着いた。

東岩倉の戦いは東軍がうまく逃げ切ったが、敗走したともいえ、西軍優勢の状況に変わりはなかった。

応仁の乱最大の戦闘！相国寺合戦

❖西軍の主力が相国寺に集結

三宝院《さんぼういん》の戦い、東岩倉《ひがしいわくら》の戦いに勝利し、内裏《だいり》をもおさえた山名宗全《やまなそうぜん》は、一気に東軍を叩きつぶそうと考えた。連敗を喫した東軍は、南は一条通、東は相国寺《しょうこくじ》、西は細川勝元《ほそかわかつもと》邸という狭い範囲を確保しているだけという状況に陥っており、宗全は相国寺の奪取を計画したのである。東軍にとって相国寺は最大の陣所であった。

勝元は、細川勝之《かつゆき》（勝元の養子）と安富元綱《やすとみもとつな》に兵３０００を与えて相国寺を守らせ、一条通方面には京極持清《きょうごくもちきよ》軍と武田信賢《たけだのぶかた》軍を派遣して防備を固めた。

１４６７年（文正《ぶんしょう》２、３月改元、応仁《おうにん》１）10月３日、西軍は畠山義就《はたけやまよしなり》、畠山義統《よしむね》、大内《おおうち》政弘《まさひろ》、土岐成頼《ときしげより》、六角高頼《ろっかくたかより》、一色義直《いっしきよしなお》などの主力２万が相国寺に襲いかかった。西軍に内通していた相国寺の寺僧が火をかけると、火の手を見た京極・武田軍は相国寺が攻め落と

されたと勘違いして逃走、今出川邸《いまでがわ》（義視の邸宅）を守備していた備前《びぜん》国の国人・松田次《まつだじ》郎左衛門尉《ろうざえもんのじょう》は討ち死にし、伊勢《いせ》国の国人・関民部少輔《せきみんぶしょう》は今出川邸を捨てて敗走した。

相国寺の戦いは激戦となり、安富元綱・三郎兄弟をはじめ細川六郎《ろくろう》（勝元の猶子）、赤《あか》松政則《まつまさのり》の家臣・太田三郎《おおたさぶろう》などが戦死し、夕暮れになって東軍は敗走した。この戦いで、五山第二位という格式ある相国寺は、七重の塔だけを残してほとんどの伽藍《がらん》が焼失した。

この日（10月3日）、後花園《ごはなぞの》法皇（9月20日に出家したので法皇となった）は、山名宗全治罰の院宣《いんぜん》を勝元に与えた。上京《かみぎょう》の戦いで出し渋った院宣を法皇が出したのは、勝元や義政の圧力があったことは疑いないが、内裏を占領した西軍を許しがたいという気持ちもあったと推測される。

❖東軍・政長の働き

翌日、西軍は相国寺の焼け跡に布陣して、すぐ隣にある幕府御所をうかがう態勢に入った。幕府御所には天皇と法皇もおり、将軍足利義政《あしかがよしまさ》の正室・日野富子《ひのとみこ》も「いったん若狭《わかさ》か丹波《たんば》にでも逃げたらどうか」と述べるほど状況は緊迫しており、東軍は早急に相国寺を奪回する必要に迫られた。勝元は畠山政長《まさなが》を大将として相国寺奪回をめざし、政長は勝元の

相国寺合戦

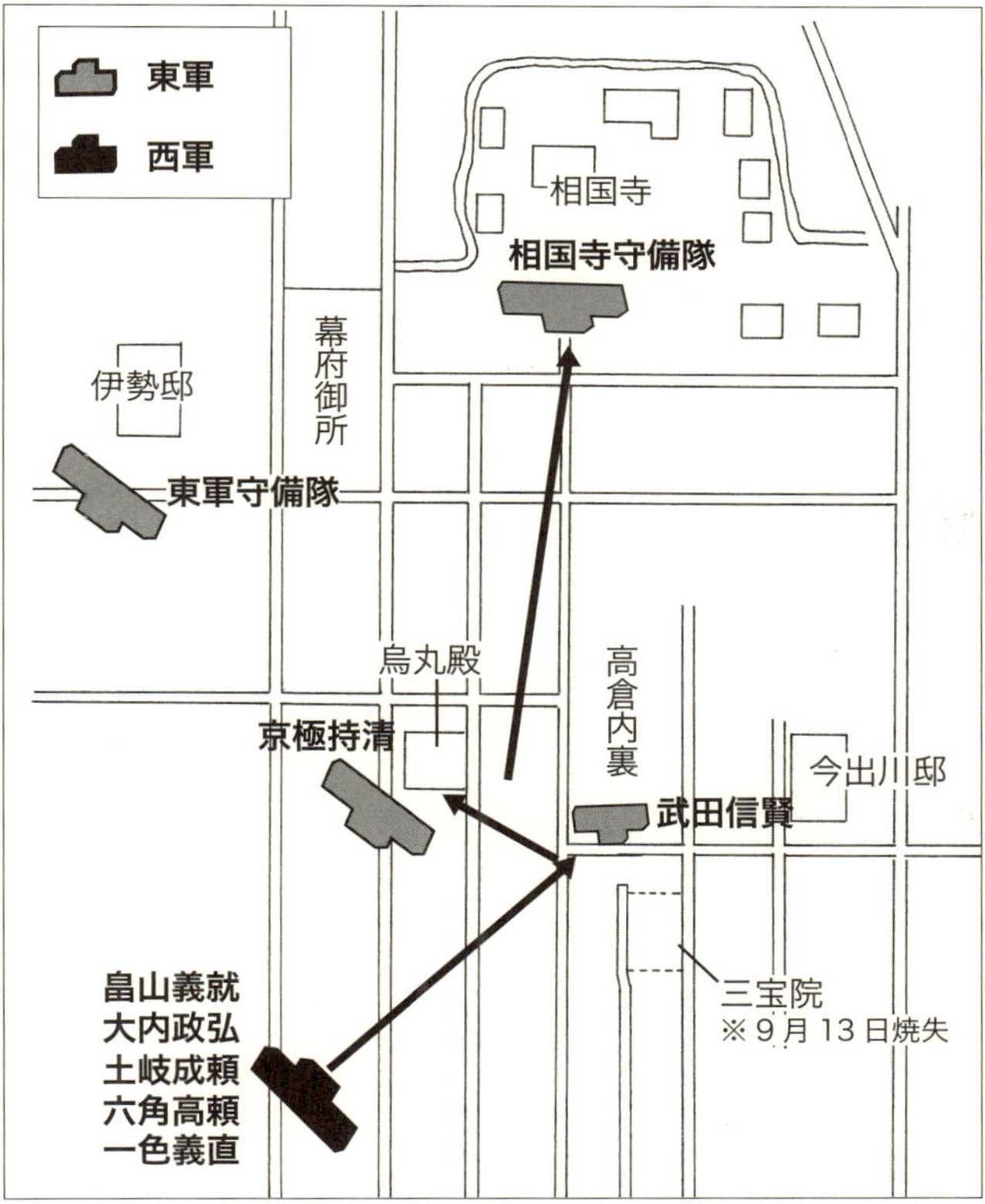
東軍
西軍
相国寺
相国寺守備隊
幕府御所
伊勢邸
東軍守備隊
烏丸殿
高倉内裏
京極持清
今出川邸
武田信賢
畠山義就
大内政弘
土岐成頼
六角高頼
一色義直
三宝院
※9月13日焼失

家臣・東条近江守《とうじょうおうみのかみ》の軍勢を合わせて兵4000ほどで出陣した。相国寺に布陣する西軍は2万とも3万ともいわれ、京の市民は「この小勢で戦えるのか」とうわさし合ったという。

しかし、政長軍は機先を制して正面攻撃をしかけ、仏殿跡に布陣していた六角軍60〜70人を討ち取った。驚いた六角軍は全軍が退却し、六角軍の後方に布陣していた一色軍は敗走してくる大量の兵に飲み込まれるかたちとなって戦にならず、六角・一色軍からは600を超える戦死者を出して敗走した。

政長は「首800では不足だが、勘弁いたす」と大声で叫び、さらに奥を守る義就軍へ向かっていった。義就軍も、敗走してくる味方の兵に巻き込まれるかたちで敗走をはじめ、義就もまた戦わずして陣を引き払った。

こうして政長の活躍により東軍が相国寺を取り返したが、戦局を一変させるまではいかなかった。この戦いで相国寺だけでなく、幕府御所も半焼したという。また、京への入り口である7カ所のうち6カ所を西軍がおさえるところとなり、やがて東軍は武器や兵糧を運び込むことが困難になる。

年明け早々、東軍が西軍を攻撃！

❖西軍の本陣が攻められる

相国寺《しょうこくじ》の戦いは痛み分けに終わったが、両軍の損害は甚大であった。そのため、しばらくは東軍・西軍とも軍の立て直しのため動くことができなかった。１４６７年（文正《ぶんしょう》2、3月改元、応仁《おうにん》1）12月7日、大内政弘《おおうちまさひろ》がこもる船岡山《ふなおかやま》を東軍が攻め立てたが攻略することはできず、そのまま西軍優勢のうちに両軍は年を越すことになった。

年末年始は今も昔も、日本人にとっては特別な日だった。除夜の鐘をつき、おせち料理を食べるのは室町時代から行われていた行事である。京市内では多くの寺院が焼失したが、12月7日以降、両軍の戦いは膠着状態が続いており、市内に残っていた市民もとりあえずは安堵していた。

それは西軍の諸将も同じで、元日からまさか東軍が攻めてくるとは思っていなかった。

勝元は、その油断をついた。１４６８年（応仁２）1月1日の夜、西軍の本陣がある西陣を攻めたのである。しかし、西軍の防御は固く、東軍の奇襲は失敗に終わった。

その後、再び膠着状態が訪れたが、3月に入って東軍がまたしても動いた。その頃、大内政弘は船岡山を下りて北大路《きたおおじ》烏丸《からすま》に陣を移していたが、東軍の武田信賢《たけだのぶかた》が3月17日、大内軍の陣所を攻めたのである。

若狭《わかさ》国守護のほかに安芸《あき》国の守護も兼ねていた信賢のもとには、安芸の国人・毛利豊元《もうりとよもと》や小早川熙平《こばやかわひろひら》らがしたがったが、大内軍の守りは固く攻略は失敗、武田軍は退却した。

COLUMN

なぜ東陣という地名はないのか

西陣織で有名な西陣は、応仁の乱のときに山名宗全率いる西軍の本陣があったことから「西陣」と呼ばれるようになり、それが地名となって現代に受け継がれている。

それでは、なぜ「東陣」という地名は残らなかったのだろうか。明確な理由はわからないが、東軍の本陣が幕府御所であったからであろう。また戦後、東陣跡でも織物業が始まったが、西陣織に負けて衰退してしまった。このことも、東陣の名前が残らなかった理由かもしれない。

1468年前半の戦い

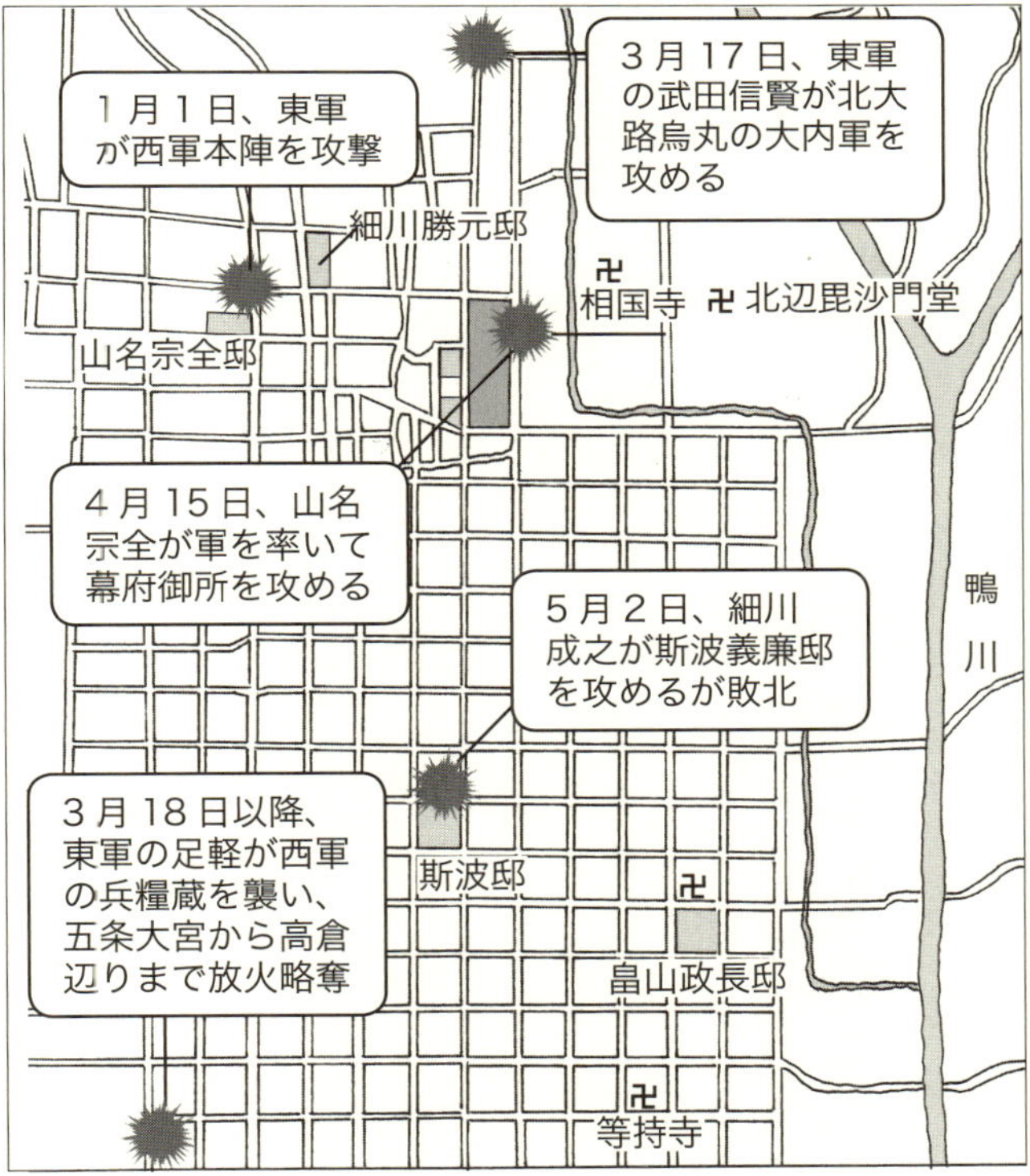

❖足軽の活躍

応仁の乱では雑兵《ぞうひょう》である足軽《あしがる》が活躍したことが知られる（31ページ参照）。足軽というと、戦国時代の鉄砲足軽など、統制のとれた兵卒集団を思い浮かべるかもしれないが、応仁の乱の時代の足軽は、単なる盗賊である。

当時の京は飢饉が続いた地方からの流人が多く流れ込んできており、さらに政情も不安定で、盗賊などの悪党がはびこっていたのだ。

そして、東軍・西軍ともに兵力不足を補うため、これらの悪党を利用した。3月18日、西軍の兵糧倉庫が襲われ、兵糧が奪われるという事件が起こった。東軍がやとった足軽・骨皮道賢《ほねかわどうけん》率いる300人ほどの悪党集団の所業だった。骨皮らは周辺の民家に火を放って略奪を繰り返したため、五条大宮《ごじょうおおみや》から高倉《たかくら》あたりまでの5町ほどが焼失するという事態となった。これに対し西軍は、畠山義就《よしなり》の軍などを出して鎮圧し、骨皮は討ち取られた。

❖宗全が自ら出陣する

その後も、各所で戦の火の手は上がったが、小競り合い程度のものだった。4月16日には、山名宗全自ら軍を率いて、東軍が陣する幕府御所を襲うという、一見大がかりな戦が起こったが、東軍がやり返して一日で収束したため大合戦には至らなかった。

5月2日には、阿波《あわ》国守護・細川成之《しげゆき》が中御門室町《なかみかどむろまち》あたりの斯波義廉《しばよしかど》邸を攻撃したが、逆に西軍に包囲されて捕虜となる者を出すなど東軍の敗北に終わった。

1年ぶりの大合戦！船岡山の戦い

❖大内軍の拠点が落ちる

上京《かみぎょう》を中心に小競り合いを起こしながらも、とくに大きな合戦が起こることもなく小康状態を保ちつつ、１４６８年（応仁《おうにん》２）の夏を迎えた。両軍とも、この間に陣所に土塁《どるい》を構築し、深い塹壕《ざんごう》を張り巡らせ、敵の奇襲攻撃に備えていた。東軍と西軍の本陣が隣接している一条大路《いちじょうおおじ》には、深さ約3メートル、幅約6メートルという大規模な空堀《からぼり》が掘られた。東福寺《とうふくじ》の僧・大極《だいきょく》は、「深塹高塁の要害堅固なことは、見ないものには想像もつかないくらいだ」と書き留めており、かなり大がかりなものであったようだ。

また、両軍ともに本陣に物見櫓《ものみやぐら》を建てた。西軍のものは高さ約21メートル、東軍のものは30メートルを超えたという。この2塔が建てられたことにより、両軍ともうかつに攻撃を仕掛けられなくなった。そのため、主戦場は徐々に洛外に移るようになった。

9月3日、細川《ほそかわ》家の家臣で丹波《たんば》国の守護代・内藤元貞《ないとうもとさだ》が、丹波の軍勢を率いて嵯峨《さが》・仁和寺《にんなじ》一帯に攻め込んだ。西軍は斯波義廉《しばよしかど》、畠山義就《はたけやまよしなり》、大内政弘《おおうちまさひろ》といった主力軍を投入して東軍の攻撃に対応したが、これは東軍の陽動作戦だった。細川勝元《かつもと》は西軍の主力が洛外へ出ていったすきをついて、大内軍の拠る船岡山《ふなおかやま》を攻撃したのである。

東軍は、能成寺《のうじょうじ》口から安富《やすとみ》・香西《こうざい》が率いる讃岐《さぬき》勢が、安居院《あんごいん》口からは山名是豊《やまなこれとよ》と薬師寺《やくしじ》元長《もとなが》率いる摂津《せっつ》勢が、紫野《むらさきの》方面からは浦上則宗《うらがみのりむね》率いる赤松《あかまつ》勢が攻め上った。船岡山は一色《いっしき》義直《よしなお》と山名教之《のりゆき》らがつめていたが、不意を突かれるかたちとなったことから西軍が劣勢に陥った。西軍は必死に防戦したが数に勝る東軍が優勢となり、9月7日、義直と教之は山を捨てて敗走した。

しかし、東軍は船岡山をもてあまし、結局、政弘が築いた城を焼いて山を下りていった。

一方、嵯峨に攻め寄せた元貞率いる東軍は、西軍の主力を相手にすることになってしまい大敗を喫して敗走した。この戦いのために、天龍寺《てんりゅうじ》や臨川寺《りんせんじ》などの寺院が焼失した。しかし、京に入った丹波勢はこのあと、京都近郊でゲリラ戦を展開し、優勢に戦を進めていた西軍を悩ますことになる。

東軍の総大将・足利義視が西軍に鞍替え！

❖義視が一年ぶりに入京

船岡山《ふなおかやま》で両軍が対峙した1468年（応仁《おうにん》2）9月は、足利義視《あしかがよしみ》が京を脱出してから（79ページ参照）1年以上がたっていた頃である。義視が自ら逃げ出したことから、次期将軍は将軍・足利義政《よしまさ》の実子・足利義尚《よしひさ》に決まったようなものだった。

とはいえ、一度は東軍の総大将に任じた義視がいつまでも帰ってこないのでは、義政と細川勝元《ほそかわかつもと》の面目が立たない。また、西軍が義視を奪い、義視をかつぐことも十分に考えられた。

義政は、義視が伊勢《いせ》国に逃げ込んだという報告を受けると、伊勢国の国衙《こくが》領の半済《はんぜい》分を領地として義視に与えた。さらに、山城《やましろ》国・近江《おうみ》国・伊勢国の寺社領の半済分も義視に与えた。義視の苦衷を知る義政の兄心だったのかもしれないが、義視をなだめて京への帰還

足利義視が伊勢国から帰還後、一時的に身を置いた近江国三井寺（滋賀県大津市）。

を促したかったのだろう。義政は、京に戻るよう義視に何度となく内書（将軍の命令）を送っており、勝元もまた義視に京への帰還を願う書状を何度か送り付けている。4月には、後花園《ごはなぞの》法皇が義視召喚の勅を発したほどで、東軍陣営が何が何でも義視を呼び戻したかった様子がうかがえる。

しかし、義視は動かなかった。その義視が9月、ようやく京に戻ってきた。法皇の勅にも動かなかった義視が、なぜこの時期に京に帰還したのか理由はわからないが、義政や勝元の催促がようやく実り、東軍にとっては胸をなでおろす出来事となった。

2000人余の供を引き連れて9月7日に近江国三井寺《みいでら》に入った義視は、しばらく近江国に留まったあと、22日になって入京し、義政に謁見した。このとき義視は、義政に対して諫書を差し出し、日野勝光《ひのかつみつ》一派と伊勢貞親《いせさだちか》（将軍側近で政所執事《まんどころしつじ》）の追放を迫った。貞親は応仁の乱勃発前に義視への讒言の件で一度没落していたが（文正の政変、49ページ参照）、義視の留守中に京に戻ってきていたのである。

義政にとって貞親は右腕中の右腕であり、せっかく呼び戻した貞親を再び排斥することはできないし、内大臣《ないだいじん》という立場にあった勝光も宮中との関係を考えると安易に取り除くことはできない。第一、勝光は正妻・日野富子《とみこ》の兄である。

義視の諫書を受け取った義政は、逆に貞親を政務に復帰させるという措置をとった。貞親は勝光や富子と結んで、またしても義視の讒言を義政に吹き込むようになった。

貞親の政務復帰は、義政と義視の関係に大きな溝をつくった。義視の後見人だった勝元も、当初は義視の肩をもち、烏丸益光《からすまるますみつ》とともに勝光の排除をもくろんだが失敗した。将軍義政の牙旗《がき》を掲げている以上、勝元も義政の意向を汲んでついに義視を見放し、義視に出家を勧めるまでになった。

❖義視、再び遁走！

11月10日、陣中で有馬元家《ありまもといえ》が殺害されるという事件が起こった。元家が義視と通じて陰謀をたくらんだという理由だったが、冤罪の可能性が高い。元家は四職《ししき》家の一家である赤《あか》松《まつ》家の庶流で、将軍義政に仕えていた。元家を殺害したのは、義政に命じられた赤松義則《よしのり》だったが、伊勢貞親が義政に元家のことを讒言《ざんげん》したためであった。

元家殺害の一件は、義視を刺激した。せっかく京に戻ってきたのに勝元にまで見放されたうえ、再び身の危険を感じるようになった義視は、11月13日、またしても京を脱出した。義視が向かったのは比叡山《ひえいざん》であった。

義視は10日間ほど比叡山にいたが、もはや東軍に居場所のない義視はその間、西軍と連絡をとっていた。将軍と天皇・法皇を東軍におさえられていた西軍にとって、戦を遂行するうえでの大義名分が必要であり、次期将軍候補である義視は願ってもない存在だった。両者の利害が一致した結果、11月24日、義視は比叡山を下りて入京した。義視が向かったのは西軍・斯波義廉《しばよしかど》の本陣だった。

義視の西軍入りは、西軍諸将を勢いづけた。とくに西軍の総大将である山名宗全《やまなそうぜん》は義視の下山を喜び、義視を奉じて諸国に命令を下した。西軍諸将は義視のことを「相公《しょうこう》」と呼んで歓待した。相公とは将軍のことである。義視もまた、独自に朝廷に官位を奏請するなど将軍であるかのようにふるまった。義視は西軍の将軍として内書を発給し、義視の側近であった飯尾為脩《いいのおためなが》も奉行人奉書を発給した。本来の幕府では、管領を細川勝元に変えたのに、西軍では変わらず斯波義廉を管領として扱った。

義視が西軍に入ったことで幕府は二分され、京にはまるで幕府が2つあるかのような状態になったのである。

この義視の行動に対して義政と勝元は、後花園上皇に治罰の院宣を願った。12月5日、上皇は義視討伐の院宣をくだすとともに、西軍に味方している葉室教忠《はむろのりただ》ら9人の公家の官位を剝奪した。

こうして義視と西軍は朝敵になってしまった。

京の入り口・西岡地区を西軍が攻撃

❖西岡がをめぐって両軍が激突

将軍継嗣問題でもめていたはずの足利義視《あしかがよしみ》と足利義尚《よしひさ》が、2人とも東軍にいるという不自然な状態は解消された。しかし戦前は、もともと義視は細川勝元《ほそかわかつもと》を後見人としており、義尚派はそれに対抗して山名宗全《やまなそうぜん》を頼ったという構図があった。それがまったく逆転してしまったわけだ。宗全にしてみれば、大義名分としてかつげる存在であれば、義尚でも義視でもどちらでもよかったのである。

開戦から1年以上が経ち、ようやく明確に旗印が分かれたものの、京市内の戦いは停滞する一方だった。東西両軍が陣の防御を固めたことと、大きな櫓《やぐら》を立てたことで奇襲攻撃がしづらくなったことで、両軍とも動きがとれなくなったのである。

そのため、戦は長期化し、武器や食料の補給がつねに必要な状況をつくりあげた。それ

は、自軍の補給路の確保と相手の補給路を断つという戦法に結びつき、やがて戦場は徐々に洛外に移っていくことになった。

1468年（応仁《おうにん》2）10月10日、西軍が山城《やましろ》国中西部、桂川《かつらがわ》の西部にある西岡《にしおか》地区に攻撃をしかけた。西岡は現在の京都府長岡京《ながおかきょう》市・向日《むこう》市・乙訓《おとくに》郡大山崎《おおやまざき》町などを含む一帯で、京への入り口にあたっていた。

それと同時に、西岡は桂川に隣接していたこともあって農業用水路が発達しており、経済力のある国人も多くいた。彼らの団結力は強く、応仁の乱が勃発する以前も、なんども一揆《いっき》をおこしていた。

西岡には野田《のだ》氏、中小路《なかこうじ》氏、竹田《たけだ》氏など東軍に与する者が多く、彼らは「西岡被官衆《ひかんしゅう》」と呼ばれて、西岡を通過する西軍に対してゲリラ戦をしかけて西軍を悩ませていた。

西軍による西岡攻撃は9月に続いて2度目だったが、今回も西岡被官衆はゲリラ戦を展開して西軍の攻撃を防いだ。東軍は、山名是豊《これとよ》を西岡に派遣、是豊は松尾谷《まつおたに》の堂《どう》に布陣して、西軍が拠る下桂に攻め寄せた。西軍の足軽《あしがる》が西岡地区の家々に火を放ち、稲を刈り取るなどの狼藉を働いて西軍が一矢を報いたが、西岡地区を制圧することはできず撤退していった。

西岡地区争奪戦と分国へ広がる戦火

❖西岡被官衆が丹波に落ちる

戦局に大きな変化もないまま、応仁《おうにん》の乱は3年目の1469年（応仁3、4月改元、文《ぶん》明《めい》1）を迎えた。西軍が優勢を維持していたが、西軍も決め手を欠いて決定的な攻撃を仕掛けることはできずにいた。

洛外での戦いは、西軍と西岡被官衆《にしおかひかんしゅう》との戦いが前年に引き続き行われていた。3月16日、西岡被官衆が讃岐《さぬき》国の守護代家・安富《やすとみ》一族の安富又次郎《またじろう》とともに鞍馬口《くらまぐち》方面から京市内に侵攻し、夜陰に乗じて芝薬師堂《しばやくしどう》を攻めた。芝薬師堂は西軍の本陣のほど近くにあり、東軍は山名宗全《やまなそうぜん》の陣所近くまで攻め込んだ。これに対し宗全は、自ら軍を差配して東軍の攻撃を防御し、東軍は安富紀四郎《きしろう》ら10余人が討ち取られて敗走した。

又次郎はその後も西岡被官衆と行動をともにし、4月10日には又次郎が松尾谷《まつおたに》の堂《どう》に入

西岡地区周辺地図

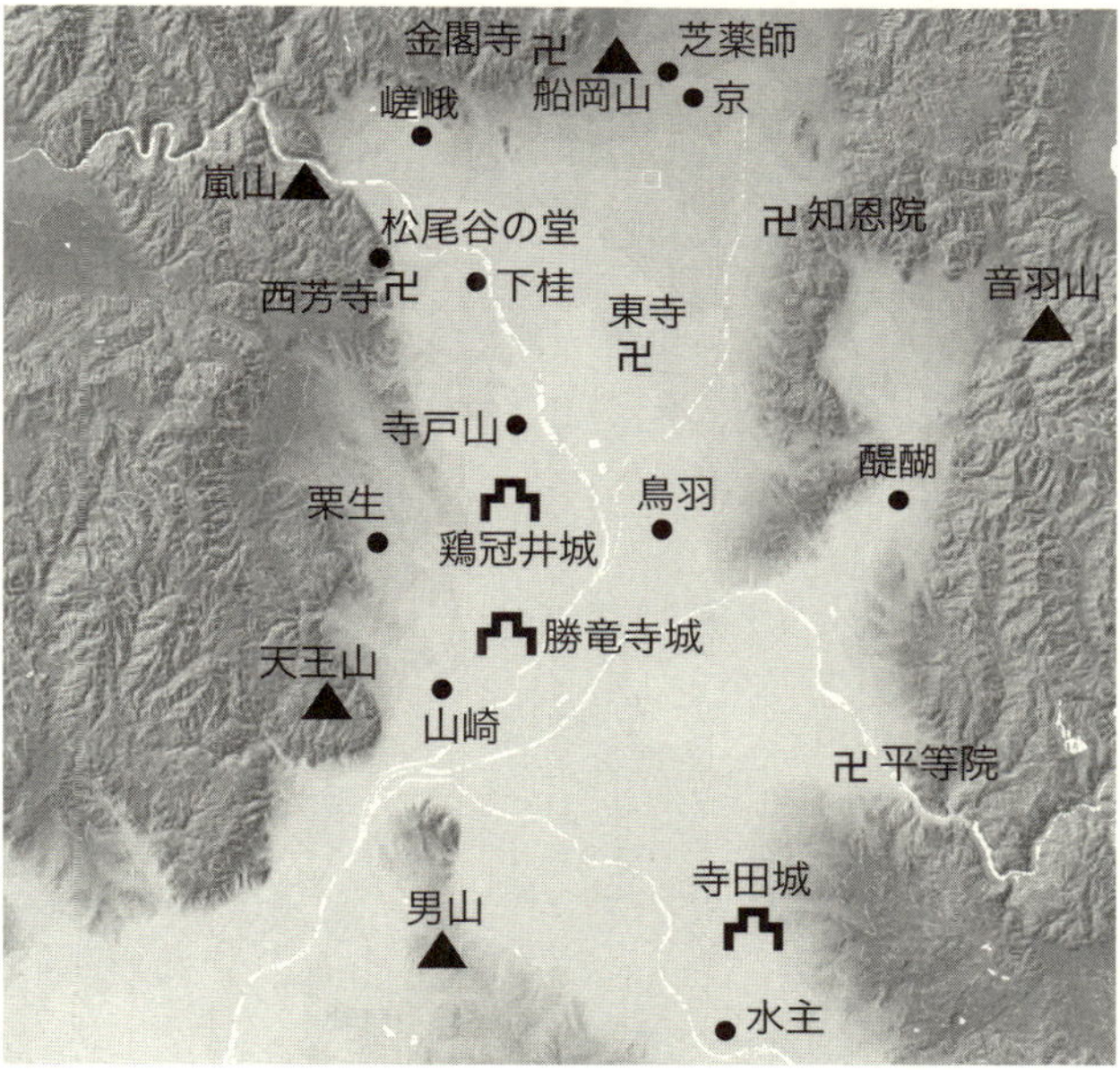

り、西岡地区の寺戸山《てらとやま》（現在の京都府向日《むこう》市）に西岡被官衆が布陣した。彼らの目的は、西軍の畠山義就《はたけやまよしなり》に奪われていた鶏冠井《かいで》城の奪回だった。鶏冠井城は、西岡被官衆のひとり・鶏冠井氏の根拠地である。

西軍にとって鶏冠井城は西岡地区ににらみをきかせるための重要な拠点であり、西軍は義就が摂津《せっつ》国・山城《やましろ》国・河内《かわち》国の国人衆を率いて出陣すると、又次郎が拠る松尾谷の堂に攻め寄せて、これを陥落させた。寺戸山に布陣した西岡被官衆も敗退し、彼らは丹波《たんば》国まで逃げ落ちた。この戦いで、谷の堂最福寺《さいふくじ》、峯《みね》の堂《どう》法華山寺《ほっけさんじ》、西芳寺《さいほうじ》などの周辺の寺院が灰燼に帰した。

西岡被官衆が丹波に落ちたことで、西岡地区は義就の制圧下に入り、義就は勝竜寺《しょうりゅうじ》城を拠点にして西岡支配を進めていくことになる。一方の西岡被官衆は、東軍の兵とともに西岡奪回をもくろんでゲリラ戦を展開していく。

❖摂津兵庫を東軍が攻撃

応仁の乱に参加している守護大名や国人たちには、自分たちが支配する領地がある。そのため、京での戦いだけでなく、自らの領地のことも気にかけなければならなかった。彼らにしてみれば幕府の主導権争いや将軍継嗣問題は二の次で、灰燼に帰した京市内の陣取り合戦はほぼ無意味だった。

応仁の乱勃発当時、摂津国は細川勝元の分国だったが、大内政弘《おおうちまさひろ》が上京する際に多くの国人が東軍から西軍に鞍替えし、摂津国は西軍の影響力が強くなっていた。摂津国は瀬戸内海に面しており、両軍にとって重要な補給路である。勝元は摂津の支配権を取り返すため、摂津国守護代・秋庭元明《あきばもとあき》を薬師寺元長《やくしじもとなが》に交代させ、摂津国に送り込んだ。すると、大

池田城と兵庫周辺地図

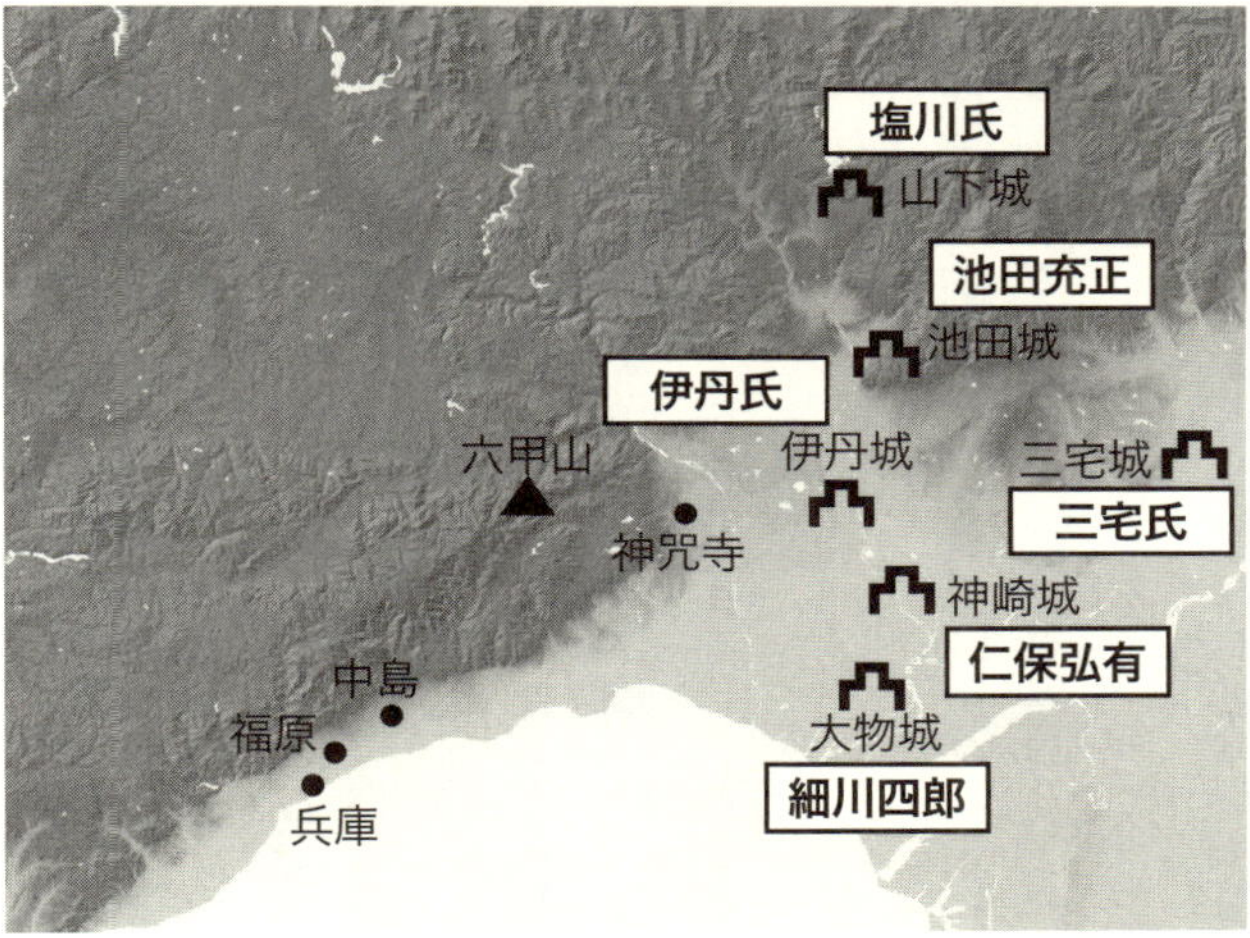

内軍入京の際に池田《いけだ》城を提供するなど西軍に加担した池田充正《みつまさ》が東軍に寝返った。しかし、そのほかの国人の大半は西軍に残り、1469年（文明《ぶんめい》1）7月15日、大内軍は池田城を包囲した。東軍からは赤松政則《あかまつまさのり》が救援に駆け付けたが、大内軍の攻撃は激しく、池田城は降伏を申し出た。しかし、西軍から東軍に寝返った池田充正を大内政弘は許さず、さらに激しく攻め立てた。赤松軍の救援を得た池田城はしぶとく抵抗し、大内軍も決定的には攻めきれず、池田城攻略戦は3カ月も続いた。

　その頃、東軍の山名《やまな》是豊《これとよ》は分国である備前《びぜん》国に下向し、当地の国人らを味方につけることに成功し、10月に入って京をめざして出陣した。是豊はその途次、赤松政秀《まさひで》・小寺則識《こでらのりもと》・宇野則尚《うののりなお》ら赤松軍と合流して、大内軍がおさえる兵庫《ひょうご》を攻めた。兵庫はもともと将軍家の直轄地だったが、大内政弘が上京する際に制圧し、石見《いわみ》国の守護代・問田弘胤《といだひろたね》が守備していた。10月16日、是豊・赤松軍が兵庫に攻め寄せた。戦いは丸3日ほども続き、当初は大内軍が優勢だったが、しだいに劣勢に陥り、大内軍が敗走した。このとき、赤松軍は福原《ふくはら》にも乱入したが、京の戦乱を回避して土佐《とさ》に下るために当地の福厳寺《ふくげんじ》にいた権大納言《ごんのだいなごん》・一条政房《いちじょうまさふさ》が赤松軍に殺害されるという事件が起こった。政房は前関白の父・一条教《のり》房《ふさ》が下向した土佐に向かうために福原にいたのだった。

兵庫を落とされたことを知った池田城の大内軍は22日、攻囲を解いて撤退した。

❖ 諸将の分国の状況

そのほかの各国の状況を見てみよう。美作《みまさか》国は西軍の山名政清《まさきよ》の分国だったが、もともとは赤松家の所領であった。旧領奪回のために応仁の乱に参戦したといってよい赤松家は、当主の政則が京で戦う一方、家臣団を旧領に派遣していた。美作国内では、かつての当主・赤松家に心を寄せる国人も多く、赤松軍は山名軍を破って美作の地を回復した。さらに赤松軍は備前国の奪回にも成功し、播磨《はりま》国でも山名軍と対等に戦い、京で戦う東軍の後方支援となったのである。

　近江《おうみ》国では、京極《きょうごく》軍（東軍）と六角《ろっかく》軍（西軍）が激しい戦闘を行っていた。京極軍は、六角高頼《たかより》の従兄弟にあたる六角政堯《まさたか》を味方に引き入れて、高頼方の本拠地である観音寺《かんのんじ》城を攻略した。近江国では東軍が優勢に戦いを進めたが、１４７０年（文明２）に京極持清《もちきよ》が死ぬと、京極家に家督争いが勃発し、東軍優勢の構図は崩れ、徐々に高頼が盛り返していった。

　伊勢《いせ》国の北畠《きたばたけ》教具《のりとも》は当初は中立を保っていたが、西軍の土岐《とき》成頼《しげより》軍が領内に侵攻してきたため東軍につき、土岐家の一族・世保政康《よやすまさやす》が拠る上箕田《かみみだ》城を攻略するなど北伊勢まで進出し、北畠家の躍進に貢献した。

　斯波《しば》家の分国では、義敏《よしとし》派と義廉《よしかど》派が互いに争い、越前《えちぜん》国には義敏が京から帰還して自ら指揮を執って戦った。そのため、義廉は自軍の主力である朝倉孝景《あさくらたかかげ》を越前国に派遣し、義敏に対抗した。当初は劣勢だった孝景はしだいに義敏軍を圧倒するようになり、越前国内に勢力を拡大していった。しかし、孝景の活躍はのちに義廉の首を絞めることになってしまう。

西軍の主力・朝倉孝景がまさかの裏切り！

❖守護就任を条件に孝景が寝返る

西軍の主力として戦っていたのは、大内《おおうち》軍と越前《えちぜん》国の朝倉孝景《あさくらたかかげ》軍だった。朝倉孝景は斯波家の重臣で、斯波《しば》家の内訌では義廉《よしかど》側についた。斯波義敏《よしとし》が越前国に下向したため、義廉は孝景を越前国に送り込み、孝景は国内の制圧に傾注した。義敏軍を圧倒した孝景は、同じく守護代の甲斐敏光《かいとしみつ》と国内での主導権争いを演じるようになった。敏光も西軍に属しており、越前国内は西軍同士が戦う状況になっていた。

そこに目をつけたのが、細川勝元《ほそかわかつもと》だった。主君である義廉をすでに圧倒して義廉軍を牛耳っていた孝景が京を離れ、越前で西軍同士で主導権争いをしている今が好機と考えた。

勝元は伊勢貞親《いせさだちか》や赤松政則《あかまつまさのり》、浦上則宗《うらがみのりむね》など、東軍諸将を駆使して孝景を説得し、孝景は越前国の守護就任を条件に東軍への寝返りを承諾した。

朝倉家は斯波家の重臣ではあるが、身分的には斯波家の家臣にすぎず、守護になれるような家格ではない。現在の守護である斯波家は足利将軍家の一門であり、管領《かんれい》に就任できるたった三家のうちの一家という名門だ。しかも、現在の越前国守護は東軍の斯波義敏である。幕府としては、孝景に守護職を与えることはとうていできなかった。

しかし、西軍の弱体化を狙いたい勝元と将軍・足《あし》利義政《かがよしまさ》は孝景の寝返りをなんとしても実現したかったようで、「後日、越前国の守護に補任する」という空手形を切った。

孝景はこれを信じ、1471年（文明《ぶんめい》3）5月、東軍に寝返った。当時、孝景の代わりに嫡男の氏景《うじかげ》が京に残っていたが、6月8日、氏景は東軍の細川氏之《うじゆき》邸に入って西軍とたもとを分かち、義政に謁見

COLUMN

守護っていつまで存在したの？

応仁の乱の主力メンバーはみな、守護大名である。守護は、室町幕府の幕府体制に組み込まれた地方領主なので、室町幕府が存続する限りは、守護はいたことになる。たとえば、戦国時代も終わろうかという頃の1572年（元亀3）、山岡景友という幕臣が山城国の半国守護に任じられている。補任者は最後の将軍・足利義昭である。戦国大名として有名な今川義元や六角義治も、守護を経験している。また、あの武田信玄も、甲斐国と信濃国の守護に任命された経験をもっているのだ。

西軍を裏切った朝倉孝景（心月寺蔵）。

した。

孝景が東軍に鞍替えしたのは、東軍の勝利を願ったからではない。孝景の目的は、あくまで越前国内での支配権を獲得することだった。そのために、東軍の斯波義敏を利用したのである。

とはいえ、孝景の寝返りは、西軍にとっては打撃となり、戦局はこれを機に東軍優勢へと向かった。孝景が西軍の甲斐敏光を破って越前国を平定したことにより、西軍は敦賀《つるが》経由の糧道を以前ほど使えなくなってしまったからだ。大内軍がおさえていた摂津《せっつ》兵庫《ひょうご》も池田《いけだ》充正《みつまさ》の離反により両軍の一進一退が続いており、伊勢《いせ》方面は西軍の土岐《とき》軍が退いてしまっていた。丹波《たんば》・若狭《わかさ》方面も東軍が巻き返しており、西軍の補給路は以前に比べると段違いに少なくなっていたのである。

こうして、形勢が逆転したことで、ついに両軍に和睦の機運が生まれてくるのである。

山名宗全と細川勝元が相次いで死去！

❖和睦交渉のはじまり

１４７２年（文明《ぶんめい》４）は、応仁《おうにん》の乱が勃発して6年目である。この年の正月、細川勝元《ほそかわかつもと》と山名宗全《やまなそうぜん》の間で和睦の交渉がはじまった。

朝倉孝景《あさくらたかかげ》の裏切りによって、優勢だった西軍は劣勢に転じ、軍事力的にも東軍のほうが上回る現状となった。山名是豊《これとよ》や斎藤妙椿《さいとうみょうちん》のように、自分の分国に帰って京に戻ってこない諸将も現れ、京市内での戦いもほとんど起こらない状況となり、両軍陣営には厭戦気分も漂ってきた。宗全は68歳という高齢を迎えて病気がちだったといい、書類に自署できないほど衰えており、戦争継続への意欲を失っていた。一方の勝元も禅道修行に励んだり医学書を集めて全集を作ったりするなど文化事業に興味が移っており、和睦は望むところだった。

東軍・西軍ともに、多くの武将が和睦を願っていたが、反対する者もいた。東軍では赤《あか》松政則《まつまさのり》が、その筆頭だった。旧領奪回を悲願として乱に参戦した政則は、備前《びぜん》国と美作《みまさか》国はほぼ平定し、播磨《はりま》国でも優勢に戦いを進めていた。ここで和睦が成立してしまうと、3国とも山名の手に戻ってしまいかねない。

西軍では、畠山義就《はたけやまよしなり》と大内政弘《おおうちまさひろ》が和睦には反対の立場だった。東軍優勢の情勢で和睦が成立すれば、畠山家の家督は政長《まさなが》の手に落ちてしまう。河内国や紀伊国など畠山代々の領国をおさえている義就にしてみれば、和睦は受け入れられない。

政弘にとってこの戦いは、細川家との戦いである。勝元は乱がはじまって以来、ひとつの分国も失っておらず、将軍と天皇も手の内に入れている。次期将軍も勝元の庇護下にある足利義尚《よしひさ》でほぼ決まったようなものである。それでは勝元が幕政の主導権を握るのは目に見えており、日明《にちみん》貿易における権益を細川家と争っている政弘にとっては、和睦は望むところではない。

したがって和睦交渉は暗礁に乗り上げた。5月、勝元は養嗣子に迎えていた勝之《かつゆき》を廃嫡し政元《まさもと》を後継者とした。政元は山名家の女が生んだ子であり、これは勝元が宗全に送ったメッセージであった。これに対し宗全は8月、家督を政豊《まさとよ》(宗全の摘孫)に譲って引退した。

勝元の後継となった細川政元（龍安寺蔵）。

しかし、和睦に反対する武将を説得することはできず、交渉は遅々として進まなかった。そのまま年が明け1473年（文明5）になった。この頃になると、戦らしい戦はほとんど行われなくなっていた。そして3月18日、山名宗全が陣中で没した。69歳だった。宗全の死を機に、停滞していた和睦交渉が再び持ち上がったが、畠山義就と畠山政長の大反対にあって頓挫した。

すると、宗全の死からわずか2カ月後の5月11日、細川勝元が死んだ。勝元は43歳という若さだった。京の町を焼け野原にした応仁の乱勃発の責任者であり、両軍の統帥ともいえる二人が相次いで病没してしまったのである。

同年12月、将軍・足利義政《よしまさ》は、子の足利義尚に将軍職を譲った。将軍継嗣問題も、ようやく決着をみた。

宗全・勝元の死と、義尚の将軍就任により、応仁の乱は継続する意義をほとんど失ってしまった。

細川・山名の単独講和と北野千本の戦い

❖講和が成立しても続く戦乱

山名《やまな》宗全《そうぜん》と細川勝元《ほそかわかつもと》の死後も、各地では戦の火の手が上がっていた。１４７３年（文明《ぶんめい》５）８月には、越前《えちぜん》国を追われていた甲斐《かい》敏光《としみつ》が越前国に侵攻して朝倉孝景《あさくらたかかげ》と戦い、美濃《みの》国の守護代・斎藤妙椿《さいとうみょうちん》軍が北伊勢《いせ》に侵攻した。

畠山義就《はたけやまよしなり》は相変わらず河内《かわち》国や大和《やまと》国で畠山政長《まさなが》と戦っており、山名政豊《やまなまさとよ》は摂津《せっつ》国に侵攻した。

しかし、どの戦いも自らの領地争いや主導権争いのために戦ったものであり、東軍・西軍という色分けはほとんど関係なくなっていた。

そして１４７４年（文明６）３月、ついに細川政元《まさもと》と山名政豊の間で講和が結ばれた（政元は当時８歳なので、実際に講和を結んだのは後見人の細川政国《まさくに》）。細川邸と山名邸の間

には空堀《からぼり》が掘られていたが、講和成立により橋が架けられ、東陣から西陣への往来も自由になった。将軍・足利義政《よしまさ》や日野富子《ひのとみこ》も猿楽《さるがく》見物や花見など自由に外出するようになったという。また、京市内では比較的被害の少なかった下京の人々もやってきたり、商人が商売をはじめるということもあった。

しかし、すべての武将が講和に賛成したわけではなかった。東軍の赤松政則《あかまつまさのり》、西軍の畠山義就と大内政弘《おおうちまさひろ》は相変わらず講和には反対だったし、土岐成頼《ときしげより》（西軍）と一色義直《いっしきよしなお》（西軍）も陣をとかなかった。あくまで細川と山名の間の単独講和であり、戦争状態は継続したのである。

政弘は、義政と足利義視《よしみ》の和解を講和の条件としたといわれ、あくまで反対した。7月26日、政弘は義就とともに北野千本《きたのせんぼん》に出陣し、東軍と講和した山名政豊と対戦した。大内軍は民家を焼き払うなど奮戦したが、細川の援軍を得た政豊軍が撃退した。

この戦いを境に、兵力を動員した戦いは京周辺では姿を消し、政弘も講和の道を探るようになる。しかし、義就だけは、頑として講和反対を譲らなかった。

大内政弘がついに降伏するも畠山義就が講和に反対

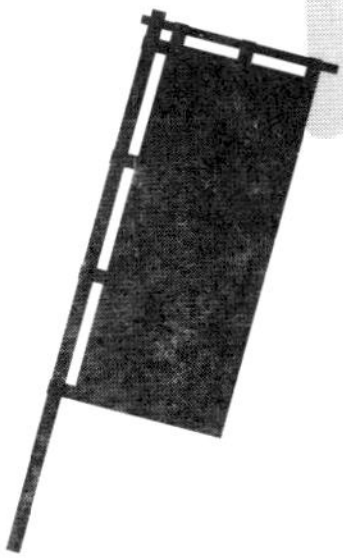

❖義就と政弘が京を離れる

細川《ほそかわ》と山名《やまな》が講和したあと、京での戦闘はほぼなくなり、乱の主戦場は地方へ移っていた。大内政弘《おおうちまさひろ》も講和の道を探りはじめ、東軍も全面講和を望んだ。東軍を代表して講和に動いたのが、日野富子《ひのとみこ》の兄・日野勝光《かつみつ》だった。勝光は、講和に与しない畠山義就《はたけやまよしなり》や政弘に近づき、講和を斡旋していった。ところが、１４７６年（文明《ぶんめい》８）６月、勝光が志半ばで死去してしまった。

しかし、勝光が死んだことで、将軍・足利義政《あしかがよしまさ》と西軍大将・足利義視《よしみ》の障壁が取り払われた。もともと義政と義視の仲が険悪化したのは、勝光と義政側近・伊勢貞親《いせさだちか》が義政にあれこれと義視の悪口を吹き込んだからだ。貞親は１４７３年（文明５）にすでに他界していた。あとは義政の跡継ぎをめぐって対立していた日野富子だが、義尚《よしひさ》はすでに将軍に就任しており、義視の正室は富子の妹という関係もあり、義視と富子の間にもわだかまりは少なくなっていた。同年9月、将軍義政が政弘に対して和平に尽力することを求める内書をくだした。義視も同じ頃、将軍義政に対してわび状を提出した。義政も12月、義視に対して返書を送り、今後は疎略にしないことを誓った。義視の処遇を気にしていた政弘も、これでなんとか面目を保つことができた。

政弘と東軍の講和も目前となったが、問題は畠山義就だった。この段に至ってもなお、義就は講和に反対し続けたのである。

しかし、大勢はもう動かなかった。1477年（文明9）9月、孤立無援となった義就はついに京の陣を引き払って河内《かわち》国へ下っていった。これを見た政弘も東軍に帰順を申し入れ、東軍もこれを受け入れた。義政は政弘の帰順を喜び、政弘を従四位下《じゅしいげ》・左京太夫《さきょうたいふ》に叙任するよう朝廷に奏請したうえ、周防《すおう》国・長門《ながと》国・豊前《ぶぜん》国・筑前《ちくぜん》国の守護職を安堵した。幕府に歯向かった武将としては破格の待遇だったといえる。

11月11日、10年間在京した政弘がついに周防国への帰途についた。畠山義統《よしむね》は能登《のと》国へ帰り、土岐成頼《ときしげより》も美濃《みの》国へ帰り、西軍諸将は京から姿を消した。京市民は西軍の陣地跡を見物に訪れ、平和の到来を実感したという。

応仁の乱はなぜ11年も続いたのか？

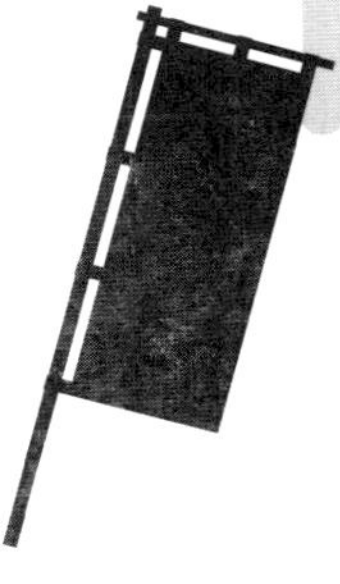

❖さまざまな要因がからんだ応仁の乱

1467年（文正《ぶんしょう》2、3月改元、応仁《おうにん》1）に勃発した応仁の乱が終結したのは1477年（文明《ぶんめい》9）のことだ。その間、大規模な戦闘はほとんどなかったとはいえ、実に11年の長きにわたって戦乱が続いたことになる。なぜこれほどまでに長引いてしまったのだろうか。

東軍の盟主・細川《ほそかわ》家と西軍の盟主・山名《やまな》家は1474年（文明6）に講和しており、その前年には足利義尚《あしかがよしひさ》が第9代将軍に就任している。本来であれば、ここで応仁の乱は終結してもおかしくなかった。

しかし、戦乱はもはや両家だけの戦いではなかった。東軍・西軍ともに多くの武士が参戦しており、彼らにはそれぞれの目的があった。たとえば西軍の大内《おおうち》家は細川家から貿易権益を奪わなければ乱に参加した意味はなかったし、旧領の美作《みまさか》国と備前《びぜん》国を山名家から奪取した東軍の赤松《あかまつ》家は、残る播磨《はりま》国の支配を盤石にするまで講和するわけにはいかなかった。実際、赤松政則は西軍との講和に最後まで反対した。

応仁の乱勃発の最大の要因ともいえる畠山《はたけやま》家の内訌も、長期化を後押しした。政長《まさなが》と義就《よしなり》は、応仁の乱終結後も執拗に戦いを繰り広げ、両者の戦いはそれぞれの息子の代になっても継続した。

参戦したすべての武士の問題を解決することは困難というより、ほぼ不可能だった。細川勝元《かつもと》と山名宗全《そうぜん》という巨頭が乱の最中に死亡したため、東軍・西軍ともに参戦武将をまとめ上げるだけの求心力をもったリーダーが不在となったことも、応仁の乱長期化の原因となったのである。とはいえ、勝元も宗全も、乱が長引くとしだいに戦争への意欲を失い、最終的には自軍の武将を説得することを放棄して、単独講和の道を探ったのだが。

また、大内政弘《まさひろ》や畠山義就を筆頭とする西軍諸将は、義政《よしまさ》と義視《よしみ》の和解を講和の条件と考えていたようで、実際に政弘は内々に和議をかけあったりしていた。そのため、彼らは細川と山名が講和を結んだだけでは幕府に帰順することはできなかったのである。

なおも続く畠山家の内訌！

❖義就が河内・大和を席巻

畠山義就《はたけやまよしなり》は京を去ったとはいえ、幕府に帰順したわけではなかった。応仁《おうにん》の乱はいちおうは終息したが、戦乱の火種はまだくすぶっていたのである。

1477年（文明《ぶんめい》9）9月22日、京を出立した義就が向かったのは河内《かわち》国だった。ライバルである畠山政長《まさなが》の重臣・遊佐長直《ゆさながなお》が拠る若江《わかえ》城を攻めるつもりだった。義就のもとには越智家栄《おちいえひで》、古市澄胤《ふるいちちょういん》（胤栄《たねさかね》の弟）のほか吐田《はんだ》氏、曽我高田《そがたかだ》氏、万歳《ばんざい》氏、小泉《こいずみ》氏らが集まり、若江城には筒井順尊《つついじゅんそん》と箸尾《はしお》氏が駆けつけた。

そして9月27日に早くも両軍がぶつかった。これを見てもわかるように、義就には戦をやめるつもりはまったくなかったのである。

若江城の戦いでは義就軍が敗走したが、義就はその足で摂津《せっつ》国に侵攻し、政長方の和田《にぎた》

畠山義就の河内侵攻

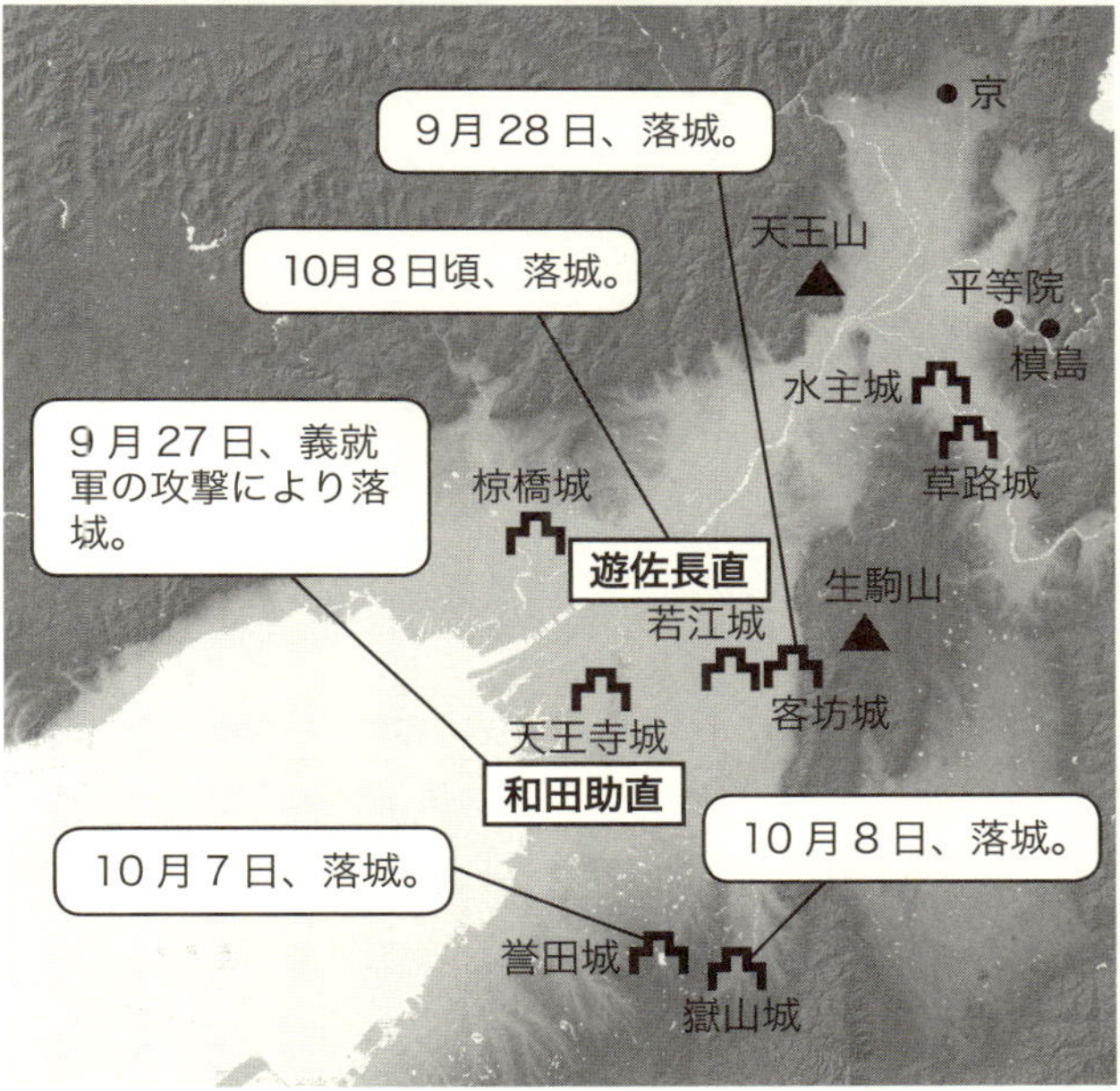

助直《すけなお》が守る天王寺《てんのうじ》城を攻め、さらに客坊《きゃくぼう》城を陥落させた。

　京を去ってから一週間もたたないうちの義就の行動に政長は驚き、将軍・足利義政《あしかがよしまさ》に出兵を頼み込んだ。しかし、義政にとってはこれ以上東軍の兵を動かして再び戦乱がはじまるのは避けたかった。そこで義政は後土御門《ごつちみかど》天皇の綸《りん》旨《じ》を引き出し、東大寺《とうだいじ》や興福《こうふく》寺《じ》などの衆徒と伊勢《いせ》国司《こくし》・北畠政郷《きたばたけまささと》（北畠教具の子。教具は1471年に死去）に動員をかけた。

しかし、義就はさらに進軍を続け、10月7日には誉田《こんだ》城を落とし、同月8日には嶽山《だけやま》城も攻略した。さらに往生院《おうじょういん》城、若江城を立て続けに落とし、若江城の遊佐長直は敗走した。若江城攻略によって、義就は河内国での影響力を強めた。

河内から政長の勢力を駆逐した義就は、次に大和《やまと》国を射程圏に入れた。当時はまだ京に大内政弘《おおうちまさひろ》がおり、義就は政弘に援軍を頼んだ。政弘にしてみれば、義就の戦いはすでに京を離れており、東軍とか西軍とかは関係ない。政弘は、杉弘相《すぎひろすけ》に数千の兵を与えて出陣させた。

応仁の乱勃発前から政長与党として大和国内で影響力を保っていた筒井順尊は、大内軍接近の知らせを受けると行方をくらませ、仁木《にき》氏・木津《きづ》氏らの政長派の国人たちも逃げ出した。義就追討の綸旨を受

COLUMN

誉田城は天皇陵だった？

畠山義就が落とした誉田城は、国人・誉田氏の根拠地だが、現在は「応神天皇陵」となっている。つまり、天皇陵を城として利用していたのである。現代人の常識では、天皇陵を城にするとは考えられないが、天皇陵を神聖視する風潮は江戸時代後半以降のもの。天皇陵は水堀に囲まれた要害であり、城の機能を十分に果たしており、ここを城にするという発想は当時では普通だった。日本一の大きさを誇る仁徳天皇陵（大山古墳）も、戦国時代は城として利用されていたのである。

け取っていた興福寺は、大内軍との戦いを避け、弘相と交渉して大内軍の大和侵攻を中止してもらった。大内軍にとっては、筒井ら政長党の国人の影響力が弱まればそれでよかったので、弘相は撤退していった。

これにより、大和国は義就与党の古市澄胤と越智家栄が支配することになった。

❖山城北部を政長がおさえる

河内国・大和国を義就に奪われた政長は山城《やましろ》国守護でもあったが、山城国は応仁の乱以来、実質的には義就の支配下にあった。政長は、義就が河内国・大和国に行っているすきをついて山城国の草路《くさじ》城に入った。義就は1482年（文明14）12月、山城奪回をもくろみ、軍勢を率いて草路城に攻め寄せた。河内国・大和国の戦いで勝利を重ねてきた義就軍は戦上手で、政長軍は城将の遊佐兵庫《ゆさひょうご》ら数十人が自害するなど惨敗を喫し、草路城は義就が攻略した。政長は宇治《うじ》橋を切り落として義就軍の北上を食い止めたが、山城南部は義就におさえられてしまった。

その後、政長と義就は南山城の宇治を中心に戦闘を継続し、1483年（文明15）には政長軍が宇治の農民を味方につけて義就軍を破ったが、義就を追い出すまでにはいたらな

宇治川に架かる宇治橋。政長は、義就軍の北上を阻止するために宇治橋を切り落とした（京都府宇治市）。

かった。

逆に義就は、政長軍の南山城の拠点であった水主城《みずし》を落城させた。このとき義就軍が近隣に火を放ったため、宇治では神明社と平等院以外の寺社が焼き払われた。

結局政長は、１４８４年（文明16）に山城の守護を解任されることになるが、その後も山城国をめぐって義就と政長は戦闘を続けた。宇治川以北を政長、それより南を義就がおさえるという情勢のまま１４８５年（文明17）を迎えた。

❖山城の国一揆が勃発

しかし、この年の7月、水主城の城将・斎《さい》藤彦次郎《とうひこじろう》が突如として政長方に寝返ったことで情勢が変わった。さらに大和から筒井《つつい》氏、十市《とおいち》氏の軍勢が政長方に加わり、義就軍を攻めはじめた。

これに対し義就方には、誉田《こんだ》氏らの河内の軍勢と、古市《ふるいち》氏、越智《おち》氏ら大和の軍勢が山城入りし、狛《こま》城、椿井《つばい》城、高之林《たかのはやし》城、水主城、稲屋妻《いなやづま》城、富野《とみの》城、寺田《てらだ》城などに布陣して政長軍に対抗した。富野城と寺田城は政長軍に攻略されたが、戦線は膠着した。

両軍の対陣は2カ月ほども続いたが、疲弊したのは山城国内の国人と農民だった。両軍ともに山城国内で米を徴発し、田畑も荒らし回ったため、大きな被害をこうむったのである。耐えかねた山城の国人・農民たちは一揆を結び、政長軍と義就軍を山城国から追い出してしまった。これが「山城の国一揆」である。山城の国一揆には15歳の少年から60歳の老人までが参加したという。こうして、山城国をめぐる政長と義就の戦いは、地元の国人たちの団結によって終結したのだった。

しかし、その後も政長と義就の抗争は続き、大和国・河内国・紀伊国で戦いは継続した。義就が1491年（延徳《えんとく》2）に死去し、政長も1493年（明応《めいおう》2）に死去したが、彼らの抗争は息子・孫の代になっても継続したのである。結局、両畠山家は正式な和睦を結ぶことはなかった。

応仁の乱に参加した武将たちはその後どうなった？

❖東軍諸将のその後

11年にわたって続いた応仁《おうにん》の乱は、京の町を焼き尽くし、いちおう東軍の勝利という結果に終わった。

ここでは、応仁の乱に参戦した主な武将たちが、その後どうなったのかを見ていこう。

まずは将軍継嗣問題を起こして応仁の乱を誘発した将軍・足利義政《あしかがよしまさ》である。義政は乱の最中に将軍職を子の義尚《よしひさ》に譲っていたが、実権は義政が握っていた。しかし、将軍の権威の凋落は激しく、各国の大名は将軍の命令に従わないことも多くなった。実権を譲らないことで義尚との仲も悪くなり、正室・日野富子《ひのとみこ》との折り合いも悪くなった。1481年(文明《ぶんめい》13)、義政は隠居を宣言し、翌年から慈照寺銀閣《じしょうじぎんかく》の造営をはじめた。しかし、相変わらず義尚の権力を制約しつづけ、幕政に影響力を保持し続けた。

その足利義尚は、将軍になったものの制限される権限に不満をもっていた。しかし、将軍権力を回復しようと努め、1487年（文明《ぶんめい》19、7月改元、長享《ちょうきょう》1）には将軍命令に従わない近江《おうみ》国の六角高頼《ろっかくたかより》を討伐するために、大がかりな動員をかけて出陣した。しかし、六角討伐はうまく進まず、1年5カ月後に義尚は陣没した。

将軍継嗣問題に敗れた足利義視《よしみ》は、応仁の乱終結後、京に居場所がなく、土岐成頼《ときしげより》を頼って美濃《みの》国に落ちていった。このまま隠棲せざるをえない状況だったが、将軍義尚の死によって復権のチャンスがめぐってくる。義尚に子がいなかったため、日野富子の妹との間にできた息子の義材《よしき》が次期将軍となったのである。

義視は将軍の父として幕府に復帰したが、管領《かんれい》の細川政元《ほそかわまさもと》は義材の将軍就任には反対しており、やがて富子も政元側につき、義視は再び微妙な立場に立たされることになった。義視は失脚することなく1491年（延徳《えんとく》3）に京でその生涯を終えることができたが、子の義材は義視の死後、政元と富子によって将軍職を解任されてしまう（1493年）。

家督をめぐって争った畠山《はたけやま》家については前項で述べたので割愛し、斯波《しば》家を見てみよう。東軍についた斯波義敏《よしとし》は、家督相続という悲願は達成したものの、領国の越前《えちぜん》国は家臣の朝倉孝景《あさくらたかかげ》に奪われてしまい、乱の終結後も越前に帰ることができず京にとどまり、そのまま死去した。

東軍の主力となって活躍した赤松政則《あかまつまさのり》は、旧領の播磨《はりま》国・備前《びぜん》国・美作《みまさか》国の3国を回復するという、応仁の乱で唯一といってよいほどの大戦果を挙げた。

しかし、領土を奪われた山名《やまな》家との対立は乱後に激しくなり、播磨国・備前国・美作国をめぐって両軍は激しい戦闘を演じるようになる。政則にとって応仁の乱は終わっていなかったのである。

❖西軍諸将のその後

西軍の諸将を見ていくと、家督争いに敗れた斯波義廉《よしかど》は幕府から追討を受ける立場になってしまい、分国の尾張《おわり》国に下ったが、その後の消息はわからなくなった。管領まで上り詰めた武将としては、非常に寂しい晩年となった。

次に西軍の主力・大内政弘《おおうちまさひろ》である。実は大内家は、乱の最中の1470年(文明2)に政弘の叔父・大内教幸《のりゆき》が反乱を起こすという事態が起こっていた。教幸の反乱は2年も続いたが、政弘の重臣・陶弘護《すえひろもり》の活躍でなんとか鎮圧した。周防《すおう》国に帰った政弘は九州への影響力を強めるために出陣し、大友《おおとも》家や少弐《しょうに》家などと戦い、着実に大内家の支配権を広げていき、将軍義尚の六角討伐にも兵を送るなど幕府との友好関係も築き、大内家の戦国大名化に貢献した。

最後まで京に在陣していた土岐成頼は、領国の美濃国に戻ったが、実権は守護代の斎藤《さいとう》家に握られていた。それでも守護としての権威は守ったが、家督争いを勃発させる失態を演じ、土岐家の衰退を誘発した。

一色義直《いっしきよしなお》は、丹後《たんご》国を武田《たけだ》家から奪回したが、伊勢《いせ》国と三河《みかわ》国を失った。父である山名宗全《そうぜん》を裏切って東軍についた山名是豊《これとよ》は、乱後に備後《びんご》国に帰ったものの、理由は不明だがその後に備後国を追放されてしまい、消息を絶った。

天皇や貴族は京にいたのか？

❖幕府御所に仮住まいしていた天皇一家

応仁《おうにん》の乱の舞台となったのは京である。当然、京には天皇や貴族が住んでおり、彼らも大乱に巻き込まれることになった。

後花園《ごはなぞの》上皇と後土御門《ごつちみかど》天皇が、上京《かみぎょう》の戦いが起こったときに幕府御所に避難したことはすでに述べたが、その後、内裏《だいり》を西軍に占拠されてしまったため、天皇も上皇も内裏に帰れなくなってしまった。そのため、幕府御所を行宮《あんぐう》（天皇の仮の御所のこと）として住んでいた。

後花園上皇（のちに出家して法皇）は１４７０年（文明《ぶんめい》２）に崩御《ほうぎょ》するが、法皇が死んだのは幕府御所で、その死を見取ったのは将軍の足利義政《あしかがよしまさ》だった。後土御門天皇が行宮である幕府御所を出たのは応仁の乱終結後であり、天皇はなんと10年にわたって幕府御所に住んでいたのである。

貴族たちはどうしていたかというと、多くの貴族が戦禍を避けて疎開していた。

最上級の貴族である摂関家《せっかん》でいうと、応仁の乱勃発当時の関白《かんぱく》・二条持通《にじょうもちみち》は山城国《やましろ》の下賀茂《しもがも》の奥地へ逃げ、1470年（文明2）7月まで関白だった一条兼良《いちじょうかねよし》と右大臣《うだいじん》・鷹司政平《たかつかさまさひら》は大和国《やまと》の興福寺《こうふくじ》、兼良の次の関白・二条政嗣《まさつぐ》は父の持通とともに下賀茂、政嗣の次の関白・九条政忠《くじょうまさただ》は大和国の古市《ふるいち》にそれぞれ避難していた。

そのほか、准大臣・万里小路冬房《までのこうじふゆふさ》は紀伊《きい》熊野《くまの》に、権大納言《ごんのだいなごん》・一条政房《まさふさ》は摂津兵庫に逃れ（その地で殺害された。106ページ参照）、参議の中御門宣胤《なかみかどのぶたね》や東坊城長清《ひがしぼうじょうながきよ》のようにどこに逃げたかわからない者もいた。

COLUMN

戦国大名になった貴族がいた？

応仁の乱では、戦禍を避けて京を離れた貴族が多くいたが、一条教房は遠く土佐まで逃れた。教房は五摂家という貴族の中でも名門中の名門で、関白を務めたこともあるエリートである。そんな彼が土佐中村に下ったのは、そこに所有する荘園があったからだ。現地の人々に歓迎された教房は乱終結後も土佐に留まり、やがて彼の子孫が戦国大名化に成功することになる。教房は中村を日明貿易の中継地点にすることにも成功し富をたくわえ、復活に成功した数少ない貴族となった。

幕府御所にいたのは左大臣《さだいじん》・九条政基《まさもと》と、内大臣《ないだいじん》・日野勝光《ひのかつみつ》くらいという状況だった。多くの貴族は乱の終結後、京に戻った(一条教房のように土佐国に土着した貴族もいた)が、長引いた戦乱によって貴族は困窮していた。そのため、彼らは扶持を求めて再び地方に下ることになる。

第3章

地方に波及した戦乱

京極家と六角家の争い——近江国の陣取り合戦

❖東軍が優勢に戦を進める

室町時代の近江《おうみ》国は南北に分割され、それぞれに守護が置かれていた。北近江は京極《きょうごく》家、南近江は六角《ろっかく》家が任ぜられた。京極家は侍所《さむらいどころ》所司《しょし》に就任できる四家（四職《ししき》）のうちの一家という名門である。

両家は同族であったが、どちらも近江一国支配という野望をもっており対立関係にあった。さらに、応仁《おうにん》の乱勃発直前に六角家に御家騒動が勃発し、それに京極家が介入したことから両家の対立関係は緊張感を増していた。そこに応仁《おうにん》の乱が起こったため、近江国は国を二分して激しく抗争することになった。応仁の乱では京極家が東軍につき、六角家が西軍についた。

しかし、京極家、六角家ともに一枚岩ではなかった。一族のなかで東西両軍に分裂し、

六角家系図

京極家系図

※○数字は当主継承順

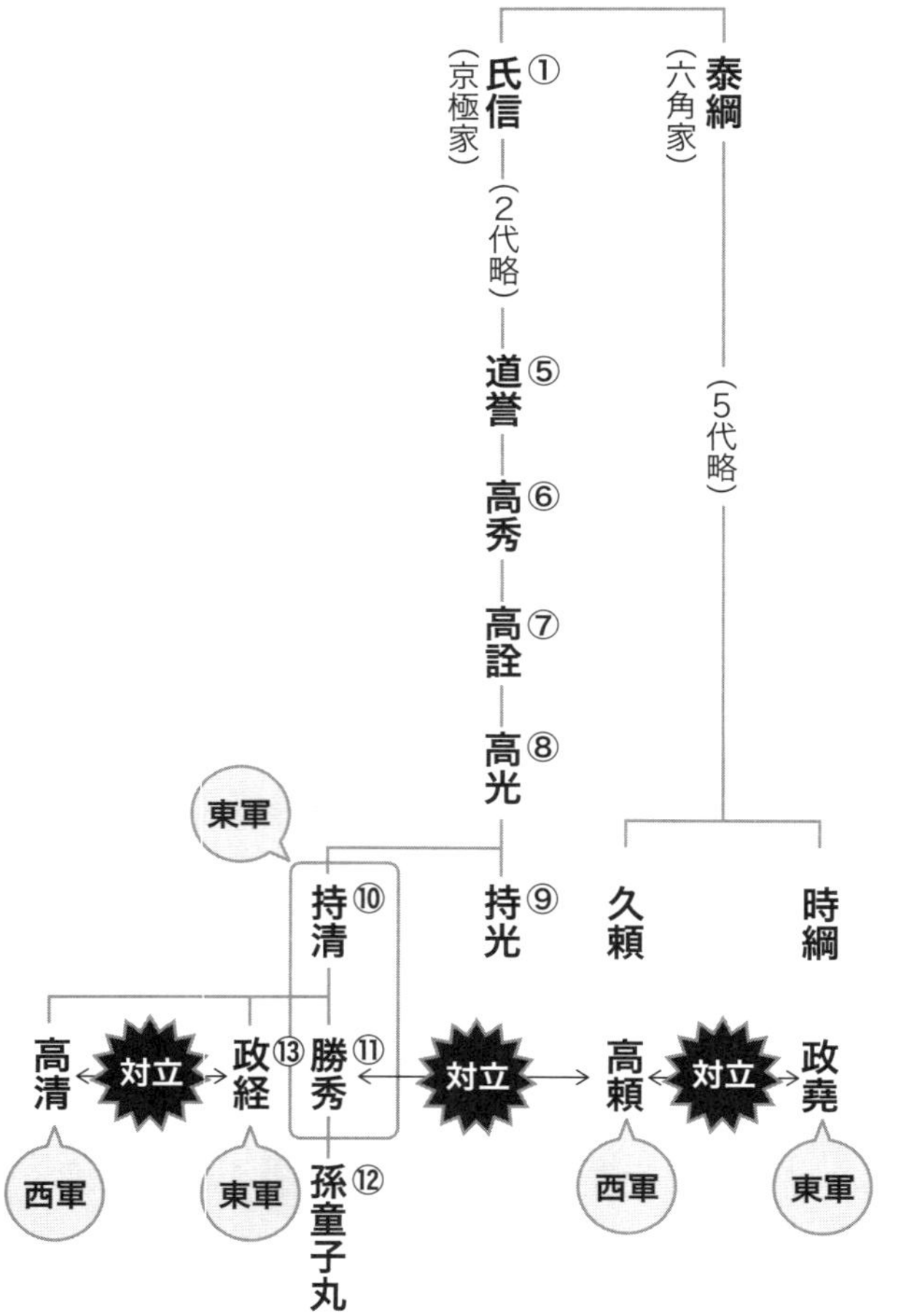

さらに家臣たちもそれぞれに分かれたのである。京極家でいうと、応仁の乱勃発当時の当主・持清《もちきよ》が1470年（文明《ぶんめい》2）に死ぬと、兄の政経《まさつね》と弟の政光《まさみつ》の間で後継者争いがはじまり、政経が東軍、政光が西軍となり、それに合わせて家臣団も二分された。六角家も当主の高頼《たかより》と、先代の当主・政堯《まさたか》が対立し、高頼が西軍、政堯が東軍についた。

持清と高頼は京の戦闘に参戦していたため、持清は嫡男・勝秀《かつひで》を、高頼は重臣の伊庭貞隆《いばさだたか》を近江国に送り込んで、東軍と西軍に分かれての戦いがはじまった。近江国内では基本的に、京極家が東軍、六角家が西軍である。

京極家は、北近江以外に、出雲《いずも》国・隠岐《おき》国・飛騨《ひだ》国の守護も務めており、当初は京極家が兵力で高頼を圧倒した。1468年（応仁2）4月には、勝秀が高頼の居城・観音寺《かんのんじ》城を落とし、高頼は甲賀《こうが》へ遁走した。しかし、高頼はすぐさま反撃に出て城を奪い返すと、1469年（応仁3、4月改元、文明1）5月には攻め寄せた京極軍を破った。しかし、東軍が高頼方の押立《おしたて》城、簗瀬《やなせ》城、金剛寺《こんごうじ》城を落とすなど、近江国の戦いは東軍が優勢のまま1470年（文明2）を迎えた。

情勢が変わったのは、同年7月の持清の死であった。これにより京極家中で内訌《ないこう》が起こり、政経・政光兄弟が争い、政光が西軍にはしった。それと同時に重臣多賀高忠《たがたかただ》と同族の多賀昌宗《まさむね》との対立が表面化、昌宗は京極家の重臣若宮氏《わかみや》とともに京極家を去り、西軍に入った。さらに近江西軍は、美濃国《みの》の守護・土岐成頼《ときしげより》から斎藤妙椿《さいとうみょうちん》の援軍を得て兵力を増大させ、近江東軍を圧倒するようになった。

対する政経は比叡山《ひえいざん》と信濃国《しなの》の守護一族の小笠原家長《おがさわらいえなが》の助けを得て勢力の挽回を図ったが、1471年（文明3）2月の米原山《まいばらやま》の戦いで多賀高忠が敗れ、さらに清水鼻《しみずはな》の戦い（1471年11月）などでも連敗を続け、江南は高頼が平定した。

そして1475年（文明7）10月、佐々木庄の戦いで高頼・妙椿の連合軍が勝利し、近江国の応仁の乱は西軍が勝利を収めるかたちで終結した。その結果、西軍に与した京極政光が北近江を、六角高頼が南近江を支配することになった。敗れた京極政経は出雲に下っていった。

❖応仁の乱後の近江

応仁の乱終結後、長年にわたる戦乱の疲弊で、高頼は新たに軍備を整えるため、近江国内の寺社領や公家領を次々に横領し、それらを国人に与えて支配体制を強化していった。

一方の京極家では、出雲に下っていた政経が幕府の後ろ盾を得て近江に復帰し、京極高《たか》清《きよ》（政光が後見した勝秀の子）を攻撃、高清を越前《えちぜん》国に追いやり、北近江を手に入れた。しかし、強引な領国支配が幕府の不興を買い、政経は幕府から当主の座を追われ、高清が再び守護に任命された。

しかし、一連の近江戦乱の中で、六角家の重臣伊庭家の勢力が強まり、伊庭貞隆が高頼に反発して、江北で力をつけていた浅井亮政《あざいすけまさ》と手を組んで争いとなった。

この戦いは6年かかって高頼の勝利となったが、浅井家の勢いを伸長させることにもなった。その結果、北近江の京極家は浅井家に浸食され、北の浅井家、南の六角家が戦国大名化し、激動の時代を迎えることになる。

斯波家の権威凋落！守護代・朝倉家が台頭——越前国

❖応仁の乱で主家が追放される

越前《えちぜん》国の守護・斯波《しば》家は、室町幕府の開幕に貢献した足利《あしかが》家の名門で、三管領《さんかんれい》の筆頭にあげられるほどの権勢を誇り、越前国のほかに尾張《おわり》国と遠江《とおとうみ》国の守護も兼任した。この斯波家を支えていたのが、越前国・遠江国の守護代《しゅごだい》甲斐《かい》家と、尾張国の守護代織田《おだ》家、越前国北部の経営を任された朝倉《あさくら》家の三家だった。

斯波家の支配体制は比較的安定しており、幕府内でも重きをなしていた。しかし、すでに述べたように斯波義敏《よしとし》の代になって、斯波義廉《よしかど》との後継者争いが勃発し、応仁《おうにん》の乱の主因となるほど対立は泥沼化した。

応仁の乱が勃発すると、義廉は西軍に、義敏は東軍について争った。義敏は１４６８年（応仁２）５月、京を離れて自ら越前国に下向し義廉軍を敗走させた。義廉は朝倉孝景《たかかげ》を

朝倉家系図

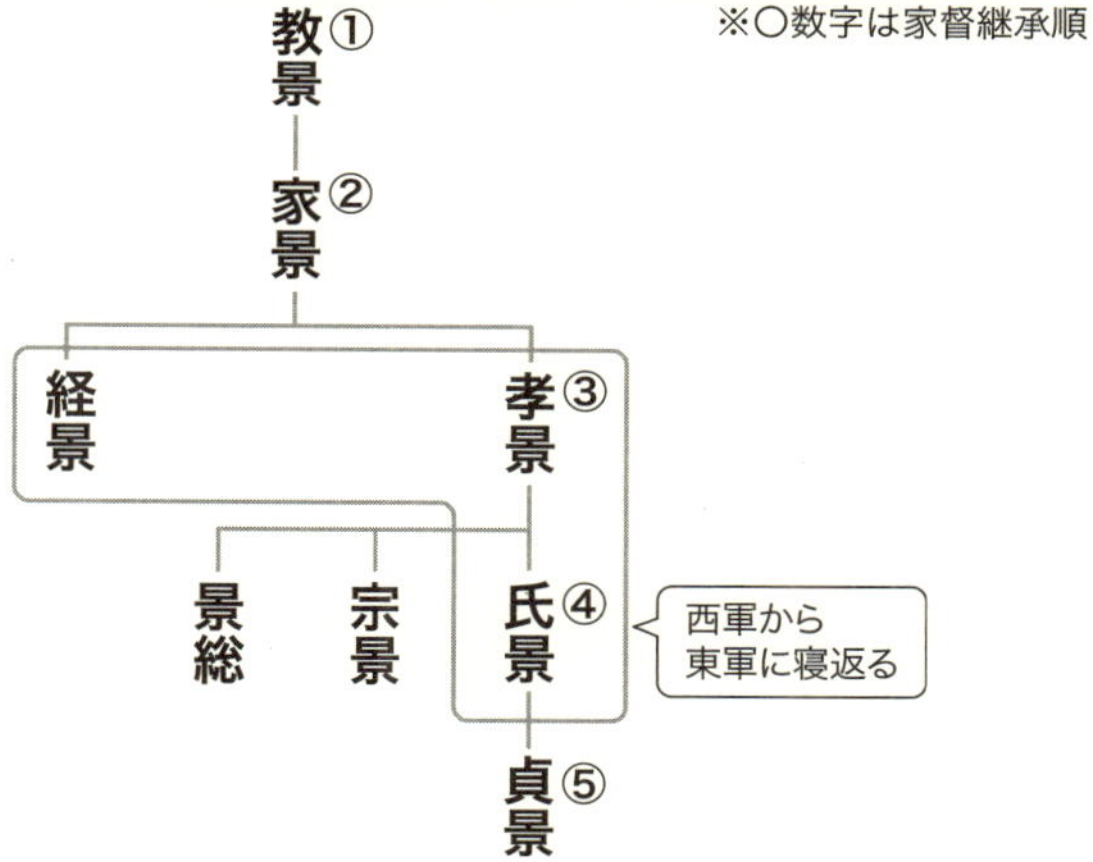

越前に派遣して戦局を挽回させたが、これをきっかけに孝景は独自に越前国内に勢力を広げはじめ、1471年（文明3）5月、義廉を裏切って東軍に寝返った。

孝景は、西軍についていた守護代甲斐家を越前から加賀へ追いやり、斯波義敏の子・義寛《よしひろ》を奉じて斯波家の支持を取り付けた。こうして、鯖江《さばえ》、新庄《しんじょう》、河俣《かわまた》、敦賀《つるが》を平定した孝景が、越前国の実質的な支配者となり、斯波家は傀儡《かいらい》と化した。

義敏は、最後まで朝倉家に反発したが、ここまでくると義敏の力では太刀打ちできなくなっていた。応仁の乱が終わる2年前、孝景は義敏の本領である大野《おおの》郡に攻め寄せ、ついに義敏を国外に追放した。

斯波家の守護代・織田家が台頭——尾張国

❖守護代・織田家も東西に分裂

尾張《おわり》国の守護は、応永《おうえい》の乱（1399年）で武功を挙げた斯波《しば》家が補任されて以降、斯波家が代々世襲してきた。斯波家は在京していたため、守護代として織田《おだ》家が越前国から下向した。

守護代・織田敏広《としひろ》のときに応仁の乱が勃発した。敏広は、そのときの尾張国の守護・斯波義廉《よしかど》にしたがって上洛し、西軍に属して戦った。義廉と対立していた斯波義敏《よしとし》は東軍に属し、織田家庶流の織田大和守《やまとのかみ》家敏定《としさだ》を味方に引き込んだため、応仁の乱で尾張織田家も分裂してしまった。なお、敏広の家系は織田伊勢守家という。

敏広は、8年あまり京での戦いに没頭し、その間、敏定は尾張に残って敏広軍との戦いを続け、両軍は一進一退を繰り返していた。そのうち東軍と西軍の戦いはこう着状態となっ

織田家系図

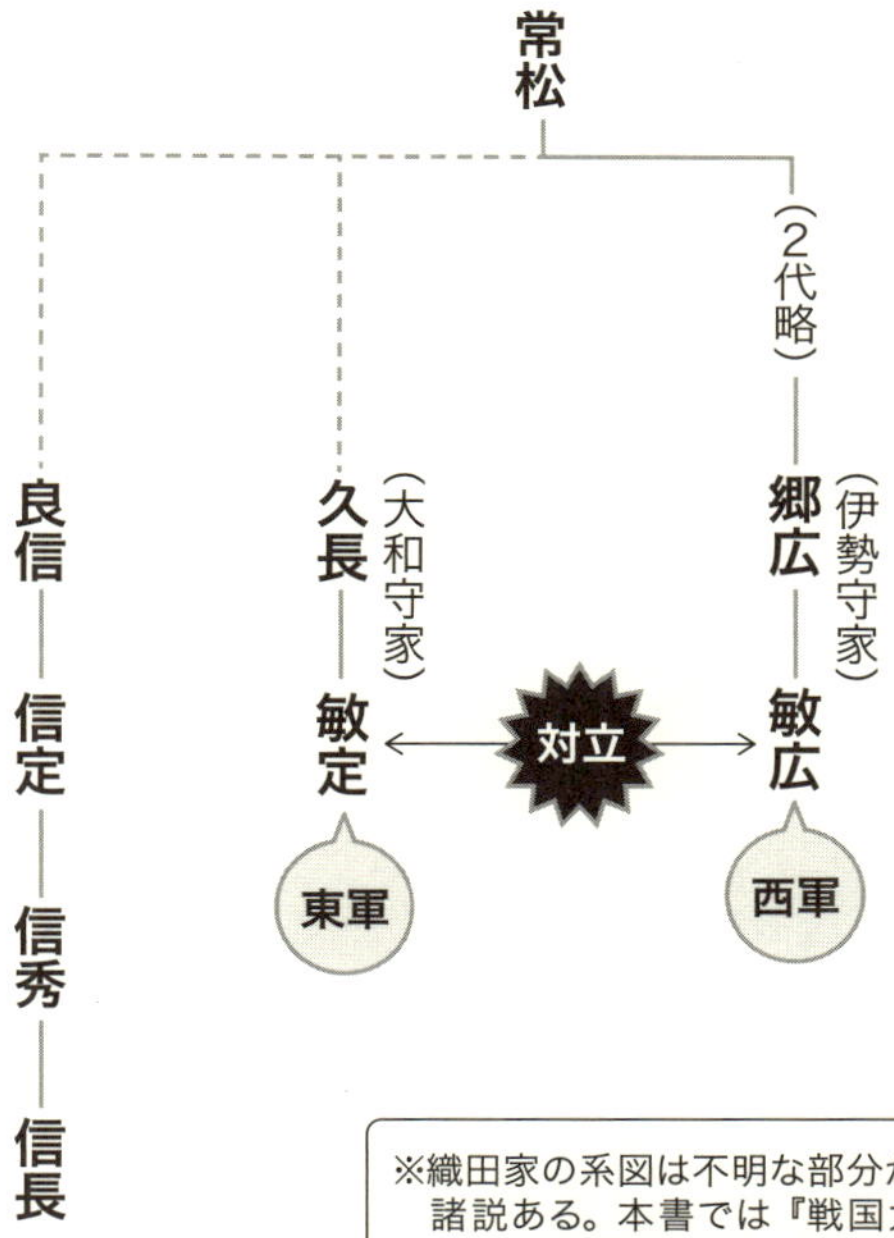

※織田家の系図は不明な部分が多く、諸説ある。本書では『戦国大名系譜人名事典 東国編』（新人物往来社）を参考に作成した

たが、斯波家の争いは、重臣・朝倉《あさくら》孝景《たかかげ》が台頭したことで、義廉と義敏はともに越前国での勢力を失い、義敏は京へ、義廉は尾張に落ちた。

越前国を奪われた斯波家は、分国の尾張国でも影響力を低下させることとなり、守護代・織田家の力が増すことにつな

当時の尾張国

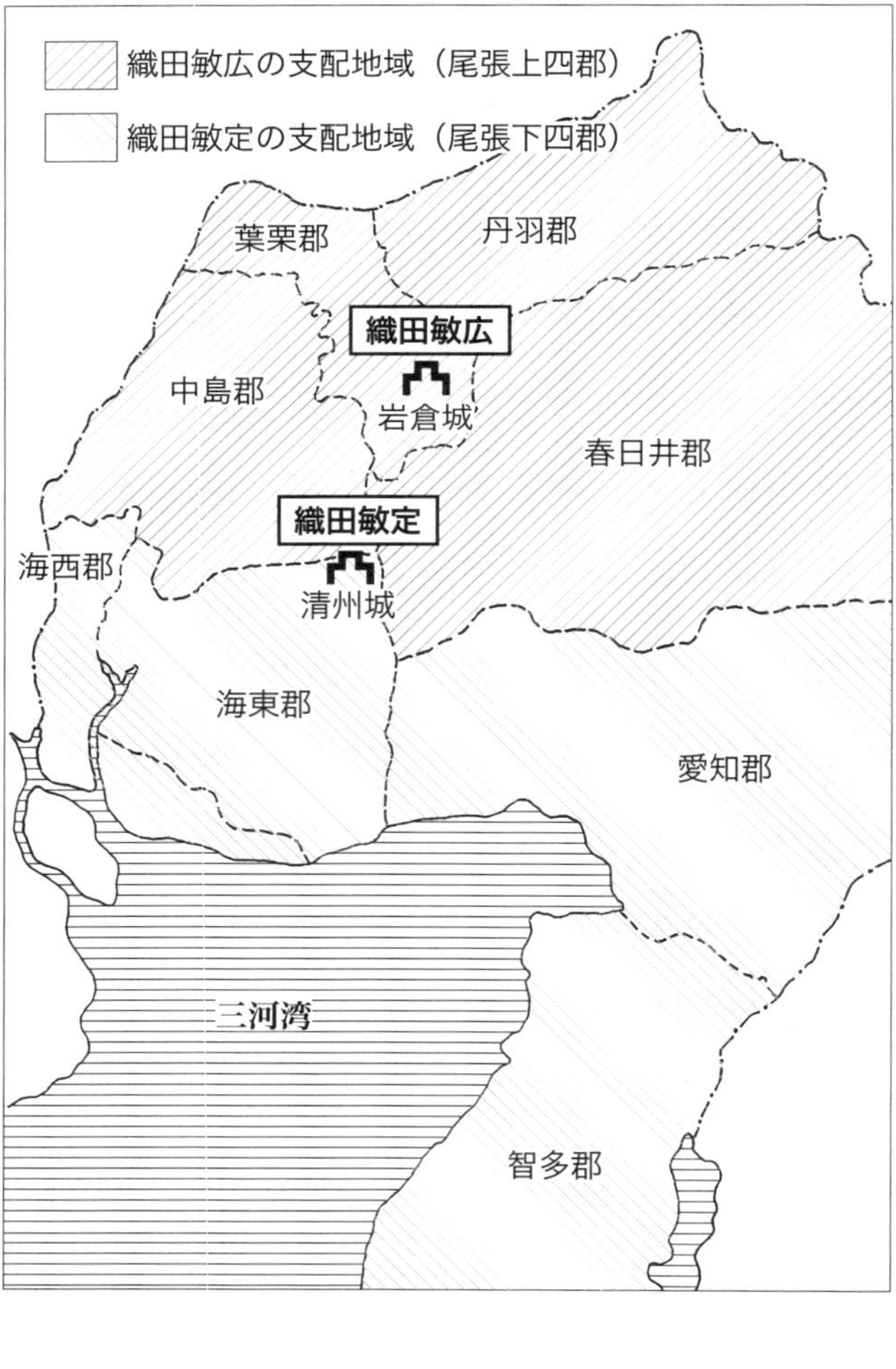

織田敏広の支配地域（尾張上四郡）
織田敏定の支配地域（尾張下四郡）
葉栗郡
丹羽郡
織田敏広
中島郡
岩倉城
春日井郡
織田敏定
海西郡
清州城
海東郡
愛知郡
三河湾
智多郡

がった。

応仁の乱が終結すると、将軍足利義政《あしかがよしまさ》が東軍についていたこともあり、尾張国の守護に義敏の子・斯波義寛《よしひろ》が、守護代には敏定が補任され、義廉と敏広は幕府の討伐対象となった。これ以降、義廉の動向は知れなくなるが、敏定と敏広の争いは続いた。

両者の戦いは、幕府を後ろ盾にする敏定が優勢だったが、敏広は隣国美濃《みの》国で守護をしのぐ力をつけていた斎藤妙椿《さいとうみょうちん》の支持を取り付け、巻き返しをはかった。

織田家の争いは、結局、幕府が介入して和議を結ぶことで決着し、敏広が春日井《かすがい》郡、丹羽《にわ》郡、葉栗《はぐり》郡、中島《なかじま》郡の尾張上四郡を、敏定が愛知《あいち》郡、智多《ちた》郡、海東《かいとう》郡、海西《かいさい》郡の尾張下四郡を統治することになり、尾張は分割支配されることになった。

その後、斯波家が尾張国守護を続投していくが、斯波家の権勢はもはや過去の遺物と化し、尾張国内は織田家が分裂して覇を競う、戦国時代へ突入していく。

今川家が駿河・三河まで進出
――遠江国をめぐる戦い

❖今川家と斯波家の対立

室町幕府の開幕に貢献した今川《いまがわ》家は、駿河《するが》国・遠江《とおとうみ》の守護に任じられ、以降、今川家の所領となった。しかし、１３９９年（応永《おうえい》６）の応永の乱で、遠江国の守護は斯波《しば》家に交替させられた。今川家にとって遠江国奪回が悲願となった。

斯波家は、遠江国の守護代に、越前国守護代の甲斐《かい》家を兼任させ、専任の守護代を置いていなかった。なぜ斯波家がそのような措置をとったのか理由は不明だが、いずれにせよ遠江国内における斯波家の影響力はほとんどなく、遠江国では早い段階から国人層が割拠していた。

やがて応仁《おうにん》の乱（１４６７年）が発生すると、今川家と斯波家の抗争が激化した。遠江国守護の斯波義廉《よしかど》が西軍についたことで、それに対抗する今川義忠《よしただ》は東軍についた。しか

今川家系図

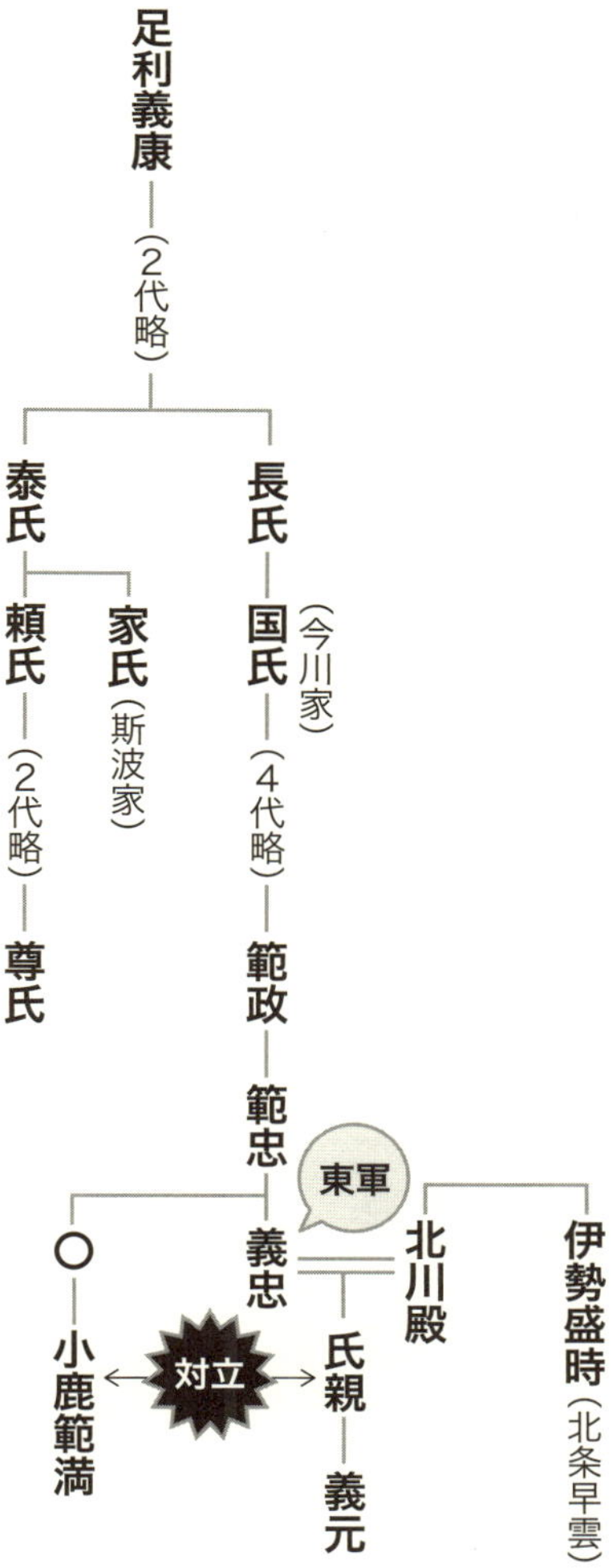

足利義康
（2代略）
泰氏
長氏
頼氏
家氏（斯波家）
国氏（今川家）
（2代略）
（4代略）
尊氏
範政
範忠
東軍
○
義忠
北川殿
伊勢盛時（北条早雲）
小鹿範満
対立
氏親
義元

し、当初は義廉も義忠も京に出兵して戦っており、遠江や駿河で両者が武力衝突することはなかった。

戦闘が膠着状態に陥ると、義忠は細川勝元《ほそかわかつもと》の命を受けて、駿河へ戻って遠江への侵攻を開始した。しかし、国人があちこちで勢力をふるっていたため、今川軍は各地で国人を各個撃破していかざるをえなかった。そのため、遠江侵攻戦は順調には進まず、義忠も京に戻るどころではなくなり、遠江での戦いに没頭していった。

❖応仁の乱後の遠江

応仁の乱が全国に広がる中、隣国の三河《みかわ》国で細川家と一色《いっしき》家が武力衝突した。このとき義忠は、同じ東軍の細川家を援護するため、東遠江の掛革《かけがわ》庄の代官職に任じられた。これが、斯波家との確執を生んだ。

ただ、斯波家が遠江国に居を構えることはなかったので、今川家の相手は、やはり各地に割拠する国人たちだった。当初から今川家への反発を示していた有力国人の狩野《かのう》家の居城見付《みつけ》城を攻め滅ぼし、さらに巨海《こみ》家、横地《よこじ》家、勝間田《かつまた》家を滅ぼしていくが、今川家の遠江平定の念願がかなったと思った矢先、駿河へ帰る途中、義忠が一揆勢に討たれるという事態に見舞われた。

当主の突然の死は、今川家で家督争いを誘発し、遠江の平定どころではなくなってしまった。この家督騒動に介入したのが、伊勢盛時《いせもりとき》（北条早雲《ほうじょうそううん》）である。盛時は、対立する嫡男今川氏親《うじちか》派と、義忠の甥にあたる小鹿範満《こじかのりみつ》派の間に立ち、氏親の家督相続に一役買った。これから、氏親と盛時は協力体制を敷くこととなり、盛時が堀越公方《ほりごえくぼう》を伊豆《いず》に攻めたときも、氏親は援軍を派遣している。また、遠江をめぐる斯波家と今川家の戦いの際には、盛時からの援軍を得て、１５１６年（永正13）ついに遠江国は今川家の領有となった。

駿河国と遠江国を平定した氏親は、三河国・甲斐《かい》国にも進出し、戦国大名への道を歩む。

赤松家の旧領奪回作戦
——播磨国をめぐる戦い

❖名門・赤松家が復活

播磨《はりま》国は、代々赤松《あかまつ》家が守護を務めていたが、嘉吉《かきつ》の変（1441年）で赤松家当主・満祐《みつすけ》が、第6代将軍・足利義教《あしかがよしのり》を殺害したことで所領を没収され、赤松家の分国だった播磨国・美作《みまさか》国・備前《びぜん》国の守護は、山名《やまな》家に移された。

赤松家の3カ国を吸収した山名家は、山陰から山陽にかけて9カ国を領する大大名となった。これに危機感を覚えたのが、幕府内で山名家と双璧をなしていた細川《ほそかわ》家だった。阿波《あわ》国の守護・細川持常《もちつね》は、山名家の勢力伸長を抑えるために、満祐の甥・赤松則尚《のりなお》を担ぎ出し、幕政に復帰させた。則尚は、この機に乗じて播磨国の奪回をもくろみ、播磨国の守護・山名政豊《まさとよ》を攻めたが敗れ、自害に追い込まれた。赤松家の惣領家は滅んでしまったが、赤松家の旧臣たちはお家の再興を目指し、満祐の弟・義雅《よしまさ》の孫にあたる赤松政則《まさのり》を

赤松家系図

※○数字は当主継承順

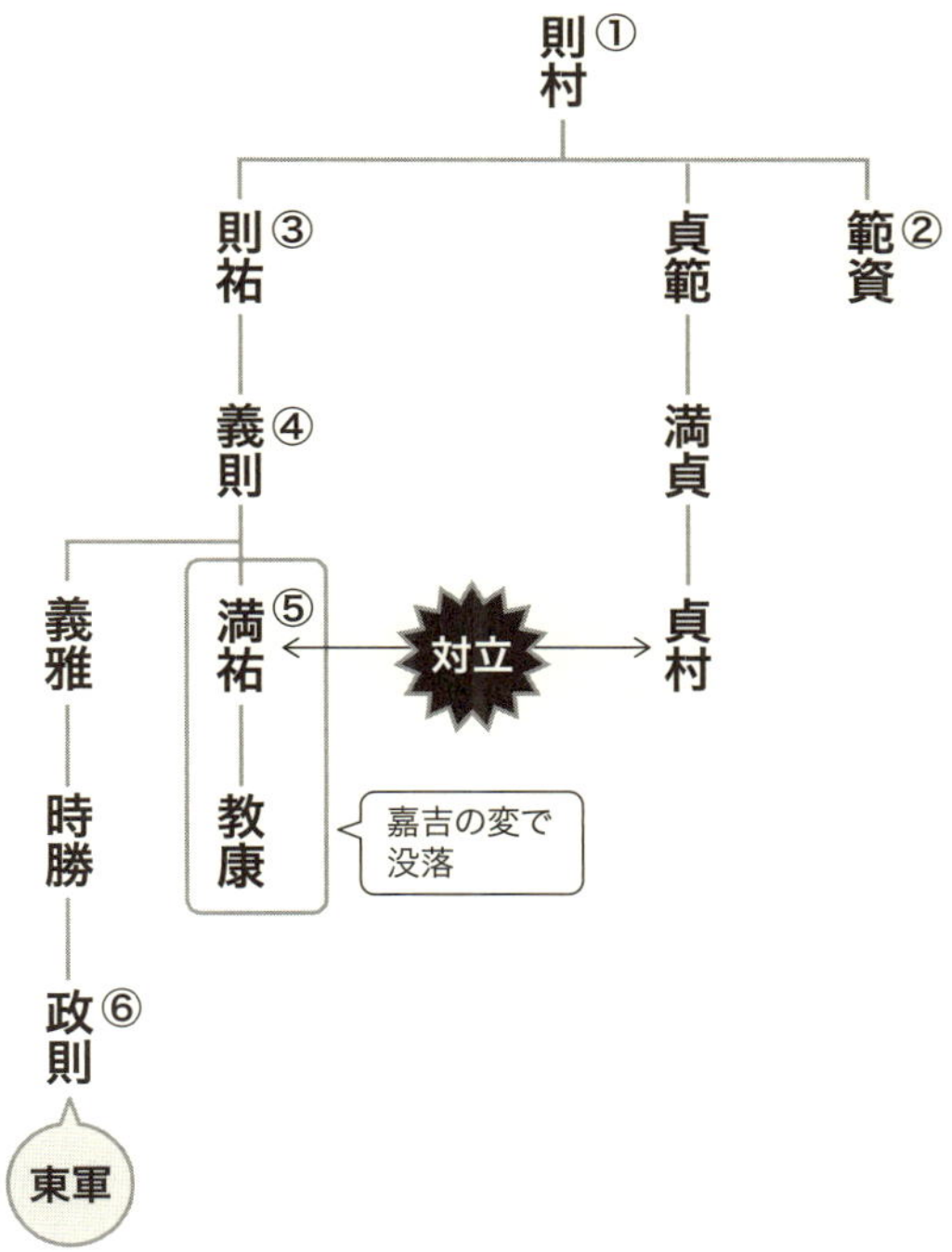

当主に担いだ。そして、南朝軍に奪われていた神璽《しんじ》（八尺瓊勾玉《やさかにのまがたま》）を取り返し、その功によって政則の赤松家の家督継承が許され赤松家は再興、政則は加賀《かが》国の半国守護に任じられた。

　赤松家の復活にいたる一連の動きには、管領《かんれい》・

細川勝元《かつもと》の支援が大きく、応仁《おうにん》の乱が勃発すると、政則は勝元率いる東軍に属した。

❖守護代・浦上則宗の台頭

政則は京の戦いに駆り出されていたが、播磨国での戦いが芳しくなく、自ら播磨国に入って号令をかけた。すると、国内に潜伏していた旧臣たちが集まり、赤松軍が播磨国を席巻した。さらに、播磨国を拠点に美作国、備前国にも攻め入り、かつての所領だった3カ国の平定に成功した。

将軍・足利義政《よしまさ》が東軍についたことで、播磨国・美作国・備前国の守護には政則が補任され、以降、播磨国は100年以上にわたって赤松家の支配下に置かれることになる。応仁の乱では多くの守護大名が乱をきっかけに所領を減らしたり、よくて現状維持という結果に終わったが、赤松家だけは所領を大幅に拡大するという快挙を成し遂げた。

とはいえ、領国経営が安定したわけではなかった。応仁の乱によって、守護領国体制にほころびが生じはじめており、それは播磨国も例外ではなかった。

そもそも、赤松家の再興は、旧臣たちの活躍があってこそだったため、当初から家臣たちの立場が高かった。政則は、応仁の乱後に侍所《さむらいどころ》所司《しょし》に任じられ、四職《ししき》家としても復活したが、そのとき所司代と守護代についたのが、浦上則宗《うらがみのりむね》だった。

則宗は、応仁の乱でも赤松家の筆頭格として武功を挙げ、東軍内での覚えもめでたかったという。この浦上家が影響力を強めていき、しだいに主家を上回る力をつけていった。

❖播磨国をめぐって山名家と赤松家が争う

また、今度は旧領奪回を目指す山名家との対立が生じた。1481年（文明13）に政則は山城《やましろ》国守護就任を打診されたが、これを断った。それほど播磨国を離れるわけにはいかなかったのである。

1483年（文明15）8月には但馬《たじま》国・因幡《いなば》国・伯耆《ほうき》国を領する山名政豊が但馬国から南下して播磨国に侵攻してきた。

政則は山名軍を迎え撃つために同年12月、但馬・播磨の国境近くの真弓峠《まゆみとうげ》に出陣したが、兵300余人を失う大惨敗を喫して姫路《ひめじ》に撤退した。勝ちに乗じた山名軍はその後も播磨国に侵攻してくるようになり、赤松軍との戦いが繰り広げられた。播磨国内は非常に動揺したようで、政則が高野山《こうやさん》に入ったとか、出家遁走したといったうわさが広がるほどだったという。

真弓峠の戦い

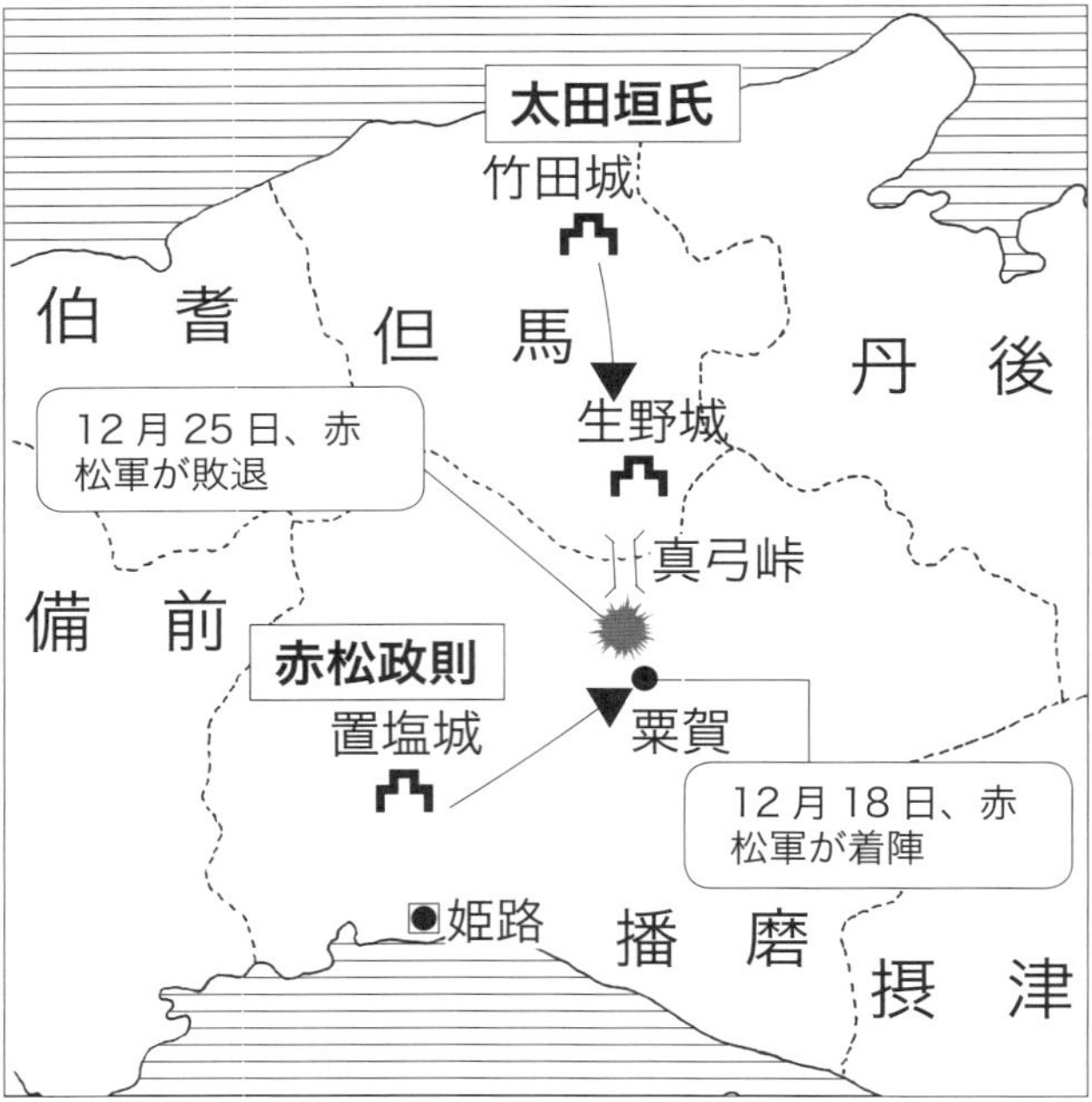

しかし、赤松軍は守護代・浦上則宗率いる浦上軍の活躍により、徐々に山名軍を圧倒するようになっていった。1486年（文明18）正月には、赤松軍の拠点であった英賀《あが》で両軍が武力衝突し、山名軍が惨敗、敗走した。

さらに赤松軍は、播磨国西部の福井《ふくい》庄の地頭だった安芸《あき》国の国人・吉川経基《きっかわつねもと》を味方に引き入れて山名軍を攻め立てた。1487年(文明19、7月改元、長享《ちょうきょう》1)

3月、政則は吉川軍とともに山名政豊の播磨国での拠点・坂本城《さかもと》を攻撃、これを落城させた。政豊が一時行方不明になるほどの激戦だったというが、それでも山名の影響力を播磨国から完全に排除することはできなかった。翌年、政則は坂本城に復帰していた山名軍を再び攻め、ようやく政豊を播磨国から追い出すことができた。

政則の死後、家督を継いだ赤松義村《よしむら》は、浦上家との折り合いが悪くなった。則宗の孫にあたる浦上村宗《むらむね》は、義村を廃して、幼少の晴政《はるまさ》を家督に据えて、赤松家内の実権を握った。

その後は、浦上家と晴政の争いで家中は乱れ、赤松家の求心力は一気に低下してしまった。やがて、出雲《いずも》の尼子《あまこ》家の侵攻を受けるなど、播磨も戦国時代に巻き込まれていく。

中国地方と四国地方はどうなった？

❖山名家の勢力が後退

応仁の乱が発生したとき、中国地方は備中《びっちゅう》国が細川《ほそかわ》家、出雲《いずも》国が京極《きょうごく》家、長門《ながと》国と周《す》防《おう》国が大内《おおうち》家、残りの因幡《いなば》国・伯耆《ほうき》国・美作《みまさか》国・備前《びぜん》国・備後《びんご》国・安芸《あき》国・石見《いわみ》国を山名《やまな》家が支配していた。また、安芸国の分郡守護として武田《たけだ》家が置かれていた。赤松家の没落で勢力を伸長させた山名家と、備中国と四国3国の守護を務める細川家の対立が深まり、応仁の乱へ発展した。そのため、中国地方は応仁の乱の影響を色濃く受けることになった。

両家の当主だった山名宗全《そうぜん》と細川勝元《かつもと》が京で軍を率いていたので、各領国では守護代や国人たちが東西に分かれて争い、その過程で彼らが台頭することとなった。なかでも、出雲国守護代の尼子《あまこ》家、石見国の国人・益田《ますだ》家、安芸国の国人・吉川《きっかわ》家や毛利《もうり》家などが領国での影響力を高めていった。

応仁の乱は、両軍の和睦で終了したが、戦乱で疲弊した山名家の勢力は大きく後退し、播磨《はりま》国、美作国、備前国の3国は赤松家に奪われ、安芸国では国人たちが割拠し、名ばかりの守護となってしまった。石見国は益田貞兼《さだかね》の登場で益田家が大幅に勢力を拡大させ、出雲国では朝鮮との貿易で経済的に潤った尼子家が、たびたび隣国に侵攻しては影響力を高めていった。

❖土佐細川家の勢力が衰退

備中国は、将軍家を取り込んだ細川家の経営が比較的安定していた。細川家は四国地方の讃岐《さぬき》国、阿《あ》波《わ》国、土佐《とさ》国の3国を領し、伊予《いよ》国の守護は河野《こうの》家が務めていた。河野家は、四国制圧をうかがう細川家に圧迫されていたこともあって西軍についた。

COLUMN

山名家ってどうなったの？

応仁の乱では西軍の首領として活躍した山名家だが、戦国時代になるとすっかり影が薄くなってしまった。戦国時代の山名家というと山名誠豊や山名祐豊がいるが、歴史ファンでなければ知らないだろう。応仁の乱後、山名家でも内訌が起こり、それに乗じた垣屋氏などの家臣が力をつけて、山名家は没落したのである。あれほどの勢力をもっていた山名家ですら、戦国時代の下剋上の風潮には抗えなかったのだ。なお、子孫の山名豊国は江戸時代、幕臣となり家名だけは存続した。

土佐の有力国人たち

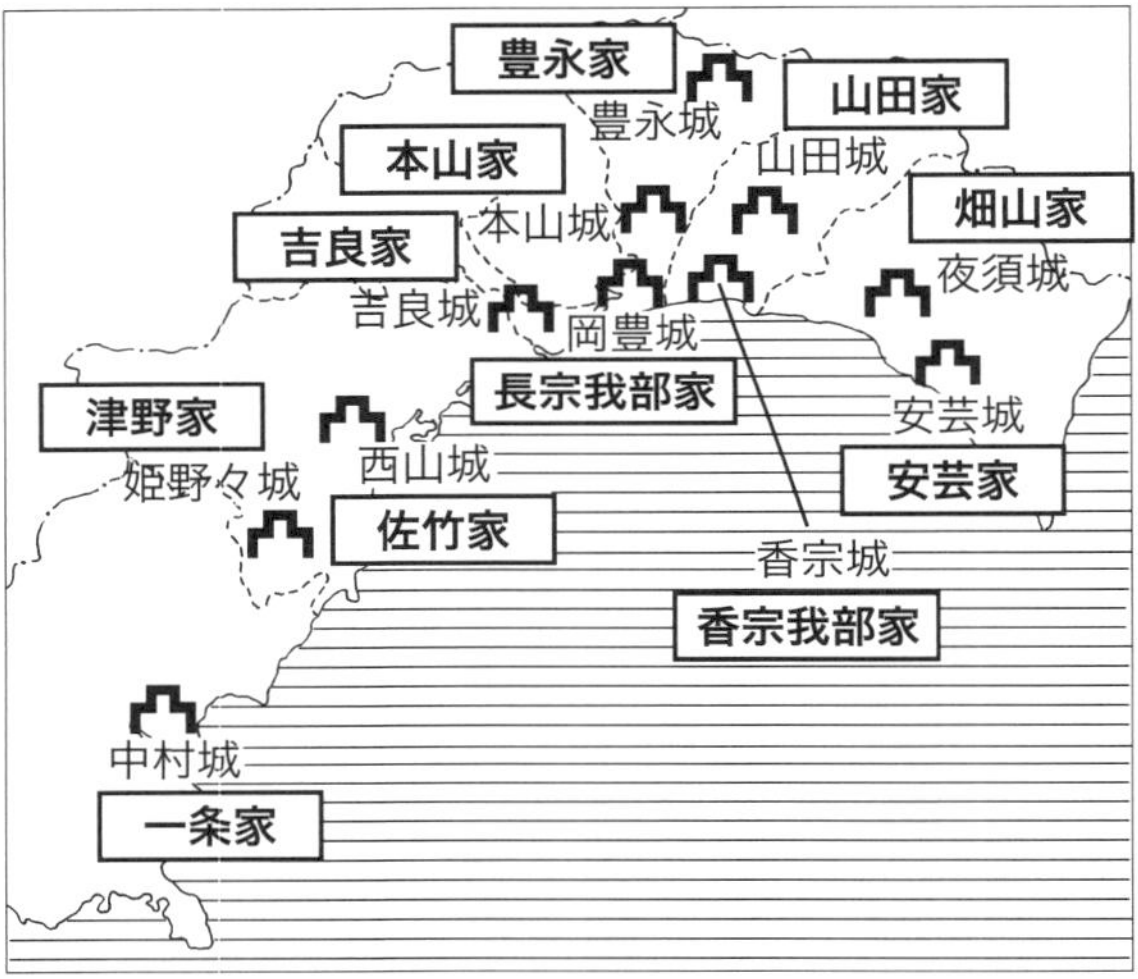

阿波国と讃岐国は細川家が守り抜いたものの、土佐国では、応仁の乱で守護代の細川遠州《えんしゅう》家も上洛して戦闘に参加したため、土佐国内は国人たちが領土紛争に明け暮れることとなり、この騒乱で長宗我部《ちょうそかべ》家や本山《もとやま》家、吉良《きら》家などの土佐七雄と呼ばれる国人が台頭してきた。応仁の乱が終了してからも、土佐国における細川家の権威が回復することはなかった。

長門国と周防国を支配していた大内家は、九州地方の豊前《ぶぜん》国、筑前《ちくぜん》国の守護でもあった。九州各国を見てみると、豊後《ぶんご》国と筑後《ちくご》国が大友《おおとも》家、肥後《ひご》国が少弐《しょうに》家、肥前《ひぜん》国は菊池《きくち》家、薩摩《さつま》国・日向《ひゅうが》国・大隅国《おおすみ》は島津《しまづ》家、対馬国《つしま》は宗《そう》家が支配していた。

❖九州各国の大名の動向

九州地方の各諸将も、応仁の乱で東西に分裂した。かつて大内家によって筑前を追われた少弐家は、菊池家と宗家とともに東軍についた。大友家も、北九州の支配権をめぐって大内家と対立しており、東軍に与した。薩摩国の島津家は、東軍からの呼びかけに応じたものの、上洛もせず兵も出さず、最後まで中立を保ち、各地で守護大名が大打撃を受けたような応仁の乱の余波を受けずにすみ、着実に戦国大名化への道を歩んだ。

乱が進む中、1469年（応仁3、4月改元、文明《ぶんめい》1）には大友家と少弐家の連合軍が大宰府《だざいふ》を制圧したが、大内軍がすぐに反撃して取り返すなど、北九州方面も戦火に見舞われた。

その後、大友家と対立していた菊池家が西軍に寝返るなど、薩摩を除いた各地で混乱が続き、まず少弐教頼《のりより》が戦死して少弐家が没落した。続いて、大友家との抗争に敗れた菊池家が威勢を失い、国人の相良《さがら》家が台頭してきた。大内家は、乱後に博多《はかた》をおさえて、日明《にちみん》貿易で莫大な利益を挙げて、戦国時代を迎えることになる。

なぜ関東の武将は応仁の乱に参戦していないのか？

❖享徳の乱で大忙しの関東諸将

応仁《おうにん》の乱は全国を東軍・西軍に二分した大掛かりな戦いだったが、東日本の諸将の名前がほとんど出てこないことに気づいただろうか。駿河《するが》国の今川義忠《いまがわよしただ》と信濃《しなの》国の小笠原政秀《おがさわらまさひで》が出てくる程度で、関東地方の武将の名前はひとりも出てこない。

彼らが特筆するような活躍をしなかったわけではない。彼らはそもそも応仁の乱に参戦しなかったのである。

なぜ関東の諸将は応仁の乱に参戦しなかったのかというと、彼らはそれどころではなかったのである。

関東地方では、応仁の乱がはじまる前から、すでに戦争状態に突入しており、各地で激しい戦闘が行われていたのだ。しかも、争っていたのが、幕府体制上の関東地方のトップの鎌倉公方《かまくらくぼう》・足利成氏《あしかがしげうじ》と、ナンバー2の関東管領《かんとうかんれい》・上杉《うえすぎ》家だった。さらに上杉家には扇谷《おうぎがやつ》上杉家と山内《やまのうち》上杉家という2家があり、両家がまた対立していたから、争いは複雑化していった。いわゆる享徳《きょうとく》の乱と呼ばれている戦乱である。

両上杉家は相模《さがみ》国・上野《こうずけ》国・武蔵《むさし》国・伊豆《いず》国の守護も務めていた大勢力だったため、この抗争に関東地方の国人たちも巻き込まれるかたちとなり、また幕府が乱に介入して上杉家を支持したため戦闘は広範囲に及んだうえ長期化した。

享徳の乱（1455~1483年）は、応仁の乱よりも早くはじまり、応仁の乱よりもあとに終結を見た、長い戦いであった。関東地方は、応仁の乱よりも大掛かりな戦闘状態にあり、関東の諸将は京の戦いどころではなかったのである。

しかし、享徳の乱と応仁の乱がまったく無関係というわけではない。享徳の乱に介入して足利成氏と対立した幕府が応仁の乱をはじめたため、幕府は関東に援兵を送れなくなった。また、幕府との和睦の道を探っていた成氏は、京に2つの幕府ができあがったとき、西軍と和睦を結んだともされている。応仁の乱の勃発が、関東の戦乱を長引かせたともいえるのである。

応仁の乱より前に始まっていた関東の戦乱とは

❖鎌倉公方と関東管領の対立

前項で述べたとおり、応仁の乱がはじまるより前に勃発した関東の戦乱を「享徳《きょうとく》の乱」という。享徳の乱とは、１４５３年（享徳２）12月に、関東管領《かんとうかんれい》の上杉憲忠《うえすぎのりただ》が鎌倉公方《かまくらくぼう》・足利成氏《あしかがしげうじ》に殺害されたことにより勃発した。

その後、１４８２年（文明《ぶんめい》14）に終結するまで29年にわたって続き、関東地方を戦国時代へと導いた。

第一章で述べたように、室町幕府の関東支配は、鎌倉公方をトップにおいて、関東管領がそれを補佐するというかたちで行われていた。鎌倉公方は、関東８カ国と甲斐《かい》国・伊豆《いず》国・陸奥《むつ》国、出羽《でわ》国を管轄し、代を重ねるごとに独自の支配体制を築きはじめ、やがて幕府からの自立を主張するようになっていった。

一方の関東管領は幕府から任命されることもあって、どちらかというと幕府寄りの立場だったため、しだいに鎌倉公方と対立するようになった。

❖関東の国人を巻き込む大戦乱へ

なぜ成氏が憲忠を殺害したのかというと、1439年（永享《えいきょう》11）に成氏の父・足利持氏《もちうじ》が、当時の関東管領・上杉憲実《のりざね》（憲忠の父）に敗れ、自害に追い込まれていたからだ（永享の乱）。成氏は親の仇を討つとともに、口うるさい関東管領を排除し、幕府から独立しようと画策したのである。

上杉家は、ただちに幕府に連絡をとって支持を取り付け、将軍・足利義政《よしまさ》は、信濃《しなの》国の守護・小笠原《おがさわら》家、越後《えちご》国の守護・上杉家、駿河《するが》国の守護・今川《いまがわ》家に関東への出陣を命じた。

幕府軍の猛攻にさらされた成氏は鎌倉を逃れて、下総《しもうさ》国の古河《こが》へ落ちると、そこを拠点としたため古河公方と呼ばれた。上杉家は、武蔵国の五十子《いそご》に本陣を構え、成氏に対抗した。

このとき、成氏側についたのが、下総国の守護・千葉《ちば》家、下野《しもつけ》国の名門・小山《おやま》家、上総《かずさ》国の武田《たけだ》家、安房《あわ》国の里見《さとみ》家といった有力国人たちで、居城を落とされた下野国の宇都宮《うつのみや》家も成氏に降った。

幕府は成氏の鎌倉公方職を罷免し、将軍義政の弟・足利政知《まさとも》を新たな鎌倉公方として下向させたが、関東の諸将らは幕府に実権を握られることを嫌い、政知の鎌倉入りを拒んだ。そのため、政知は関東に入国することができず、伊豆国の堀越《ほりごえ》に留まざるをえなかった。

享徳の乱の最中に、京では応仁の乱が勃発し、成氏は西軍と結んだが、西軍としての活動はなく、関東での戦闘に明け暮れた。また、幕府も京での乱の対応に追われる中、関東への対応が疎かになっていった。

成氏軍と上杉軍は一進一退を繰り返し、いつ果てるかも知れない不毛な戦いを続けていた。そうした中、上杉家では重臣・長尾景春《ながおかげはる》が、関東管領・上杉顕定《あきさだ》に反して挙兵する内部分裂が起こり、上杉家も一枚岩とはいかなくなった。

成氏は景春に加担して上杉家を攻めたが、上杉家が和睦を申し入れるとそれを受け入れ、1478年（文明10）に足利家と上杉家の間で正式に和睦が成立した。応仁の乱終結の翌年のことである。そして、その4年後、幕府と成氏の和睦が成立し、ようやく享徳の乱は終わった。

ところが、長尾景春の反乱鎮圧に功績があった扇谷上杉家の影響力が強まると、今度は山内上杉家と扇谷上杉家との間で武力衝突となり、長享《ちょうきょう》の乱が勃発した。

関東地方の有力国人たち

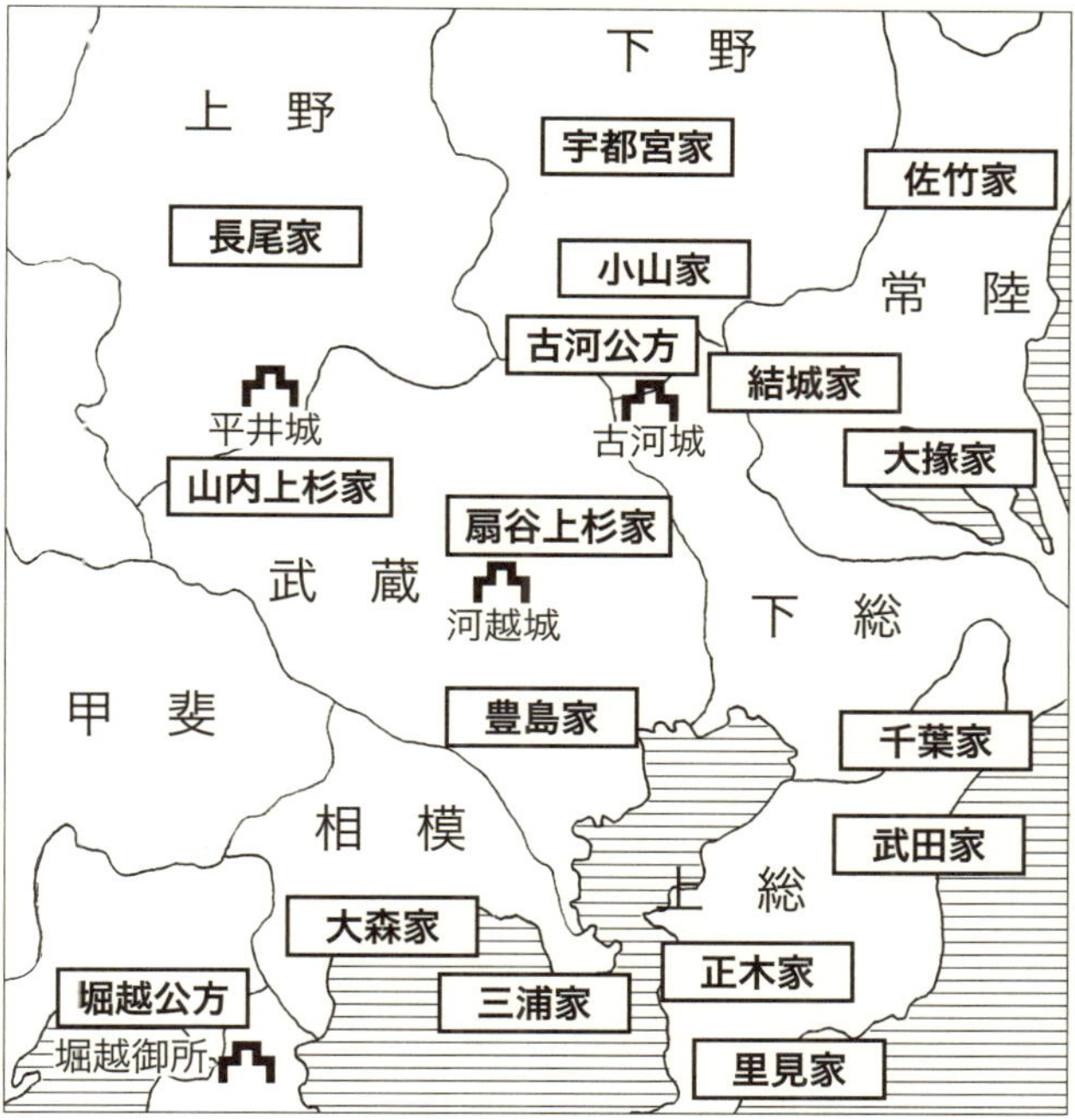

このとき、扇谷上杉家を支援したのが、伊勢盛《いせもり》時《とき》（北条早雲《ほうじょうそううん》）だった。盛時は、堀越公方を滅ぼして伊豆国を平定し、長享の乱のどさくさにまぎれて小田原《おだわら》を奪取し、西相模まで支配下に置いていた。

　山内上杉家と扇谷上杉家の戦いは、山内上杉家の勝利に終わったが、この一連の関東内乱は、鎌倉府と関東管領による従来の支配体制を崩壊させてしまった。

盛時をはじめとする関東の諸将は、足利家からも上杉家からも独立し、自国で独自の支配体制を築きはじめ、彼らは戦国大名へ成長していくことになる。

第4章

応仁の乱をもっと知るための人物事典

後花園天皇

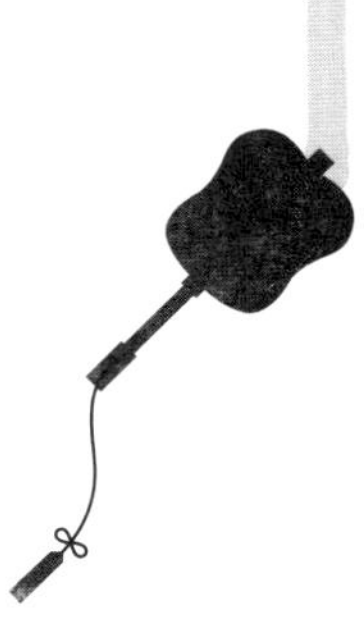

❖政長討伐の院宣を出したことを悔やむ

応仁《おうにん》の乱が勃発したとき、上皇《じょうこう》として院政《いんせい》をしいていたのが、第102代天皇の後花園《ごはなぞの》天皇である。

1467年（文正《ぶんしょう》2、3月改元、応仁1）に畠山政長《はたけやままさなが》が上御霊社《かみごりょうしゃ》に布陣して応仁の乱が勃発すると、上皇は後土御門《ごつちみかど》天皇とともに幕府御所に入り、山名宗全《やまなそうぜん》に迎えられた。当初は西軍にかつがれたのだった。

そして上皇は、宗全の意向を受けて、政長討伐の院宣《いんぜん》を発給した。当時、将軍の足利義《あしかがよし》政《まさ》は両軍に中立を命じており、上皇と将軍が違う対応をしたことになる。

応仁の乱が本格化すると、今度は細川勝元《ほそかわかつもと》に迎えられ、東軍陣営に入った。勝元からは宗全討伐の院宣の発給を求められたが、政長討伐の院宣をすでに出していたため、いったんは断ったが、結局勝元と幕府の圧力に屈し、宗全討伐の院宣を出してしまう。とはいえ、上皇の本意は早期停戦であり、宗全に対して勅使を送って何度か和睦を促したが、西軍諸将がそれに従うことはなく、戦は長期化した。上皇は、自分が出した院宣が大戦の引き金を引いたことに責任を感じるようになり、出家し法皇《ほうおう》となって以降は中立の立場を守り通した。

上皇が天皇だった頃、大飢饉で困窮する庶民を尻目に、幕府御所の再建に注力する足利義政に対して、漢詩を賜り諫めた話は有名である。しかし、天皇自身も大飢饉に対して具体的な行動に移ることはできなかった。

しかし、義政との折り合いが悪かったわけではなく、法皇の崩御（1470年）のときには、義政夫婦が幕府御所で看取っており、義政は戦乱の中での外出を家臣から反対されながらも、それを押し切って法皇の法要にはすべて参加したという。

応仁の乱勃発当時の上皇・後花園天皇。（大應寺蔵）

後土御門天皇

❖生涯譲位できなかった天皇

第103代天皇。後花園《ごはなぞの》天皇の第一皇子。応仁《おうにん》の乱が勃発（1467年）する3年前に践祚《せんそ》した。京を舞台とした応仁の乱の最中は、幕府御所に移って避難生活を送っていた。

将軍の足利義政《あしかがよしまさ》とは仲がよかったようで、義政が御所で開く宴会には天皇もたいてい参加していたという。貴族たちの多くも戦乱を避けて京を離れてしまっており、天皇にしてみれば頼れるものは将軍しかいなかった。

1470年（文明《ぶんめい》2）12月に後花園法皇が崩御し、後土御門天皇の親政がはじまったが、応仁の乱に対しては中立を守って、とくに行動を起こすことはなかった。

中世の天皇は、即位後しばらくしてから譲位し、上皇になるのが慣例であり、後土御門天皇も譲位を望んだが許されなかった。当時の皇室は経済的に厳しい状態で、朝廷儀式に

関わる費用のほとんどは幕府や諸大名が出していたのだが、応仁の乱で幕府の権威が失墜すると、幕府の台所事情も苦しくなり、朝廷も経済的にダメージを受けることになったからだ。さらに諸大名も疲弊しており、譲位にかかる費用も用意できなくなっていたのである。皇室の窮乏はかなり深刻で、後土御門天皇の崩御後、天皇の葬儀費用すら工面することができず、葬儀が行われたのは実に崩御後43日後のことだったという。

天皇は、財政的な理由から中止されていた朝儀の再興に着手し、元日・白馬《あおうま》・踏歌《とうか》の三つの節会を復活させることには成功した。しかし、それ以外の政務に関しては思うようにいかず、譲位を望む気持ちは日増しに強くなった。

管領《かんれい》・細川政元《まさもと》が、将軍足利義材《よしき》を廃した明応《めいおう》の政変（１４９３年）が起こったとき、後土御門天皇はこのクーデターを認めなかった。征夷大将軍は朝廷の役職であり、名目上は天皇に任命権があったからだ。そのため天皇は再び譲位の意向を示したが、将軍交代の要請に対して天皇の退位を楯に返答することは先例がないと反対され、後土御門天皇は譲位を諦めた。

結局、後土御門天皇が在位中に譲位することはかなわなかった。

足利義政

❖無為無策で争乱を長引かせる

6代将軍・足利義教《あしかがよしのり》の2男で、兄・義勝《よしかつ》（7代将軍）が早世したため、8歳で将軍職に選出された。

義政は、当初は将軍の側近である政所《まんどころ》、奉行衆《ぶぎょうしゅう》、番衆《ばんしゅう》を取り立てて、強大化する守護大名をおさえて、幕府権力の再興に積極的に取り組んだ。しかし、三魔といわれる今参局《いままいりのつぼね》、烏丸資任《からすまるすけとう》、有馬持家《ありまもちいえ》や、妻の日野富子《ひのとみこ》とその一族が政治に介入し、各地の守護大名の独自路線も留まることはなかった。

こうした状況に嫌気がさした義政は、しだいに政治意欲を失い、30歳を迎える頃には隠居を考え出した。しかし、義政には嫡子がなかったため、僧籍に入っていた弟の義視《よしみ》を還俗させ、養嫡子とした。ところが翌年、富子が足利義尚《よしひさ》を生んだため、幕府内は義視派と

義尚派に分かれて後継者争いが発生してしまう。さらに、これに畠山《はたけやま》家と斯波《しば》家の家督争いが重なり、幕府重臣の細川勝元《ほそかわかつもと》と山名宗全《やまなそうぜん》の対立も深刻化、ついに応仁の乱が勃発した。

義政は、当初は中立の立場を守り、両軍に停戦を命じたが収束は不可能で、最終的には東軍につくこととなった。しかし、11年に及ぶこの大戦に際し、義政は有効な政策を打ち出すことができず、義尚に将軍職を譲ってからは文化事業に熱心になるばかりであった。幕府財政の窮状、大飢饉による庶民の困窮に目もくれず、酒宴に明け暮れ、幕府の権威を失墜させるとともに、守護大名の肥大化を許した。

応仁の乱勃発の第一の責任者・足利義政。（東京国立博物館蔵）

政治家としては失格の烙印を押される義政だったが、文化面では大きな功績を残した。それが、慈照寺銀閣《じしょうじぎんかく》に代表される東山《ひがしやま》文化であり、狩野《かのう》派の始祖となる狩野正信《まさのぶ》、侘《わ》び茶《ちゃ》の村田珠光《むらたじゅこう》、庭師の善阿弥《ぜんあみ》などを排出し、以降の日本文化に大きな影響を及ぼした。

足利義視

❖応仁の乱で敗北するがのちに復権

第6代将軍・足利義教《あしかがよしのり》の10男で、幼少のころから僧籍に入って浄土寺《じょうどじ》門跡となった。しかし、兄・義政《よしまさ》（第8代将軍）に嫡子がなかったことから、義政の要請で還俗《げんぞく》して、次期将軍として幕政に参加した。その際、慎重だった義視は、義政の正室・日野富子《ひのとみこ》がまだ20代だったこともあり、何度も固辞した。しかし、義政が執拗に要請するため、義視は「今後、自分に子供が生まれたら僧籍に入れ、家督を変更することはない」という念書と引き換えに還俗したという経緯があった。

ところが、還俗した翌年に、義政と富子の間に義尚《よしひさ》が誕生したことで、彼の人生は一変した。実子を将軍に据えたい富子との仲が険悪になり、幕府内は義視派と義尚派に二分された。やがて斯波《しば》家と畠山《はたけやま》家の家督争いがからみ、諸大名を巻き込む騒動となった。その争いに乗じて、義尚派が義視失脚をもくろんで義政に義視を讒言《ざんげん》したことで、義政との関係まで悪化してしまった。応仁《おうにん》の乱の当初は義政とともに東軍に属し、一度は東軍の総大将に任じられたが、徐々に居場所をなくしてしまい、やがて西軍に寝返った。

戦乱中は、西軍のまとめ役として奔走したが、細川勝元《ほそかわかつもと》と山名宗全《やまなそうぜん》が相次いで死去すると、東軍との和睦に傾いた。しかし、2人の溝は完全には埋まらず、義視は京に残らず美濃《みの》国に寓居した。

その後、義尚と義政が死去すると、再び義視に脚光があたることになる。義尚に嫡子がなかったため、義視の嫡男・義材《よしき》が第10代将軍に就任したのである。義視自身も、義材の後見人として幕政に復帰した。義材の母は富子の妹であり、もともと義視と富子の間もそれほど険悪だったわけではなかった。

しかし、義材・義視父子は、幕政運営に関して富子と対立するようになり、やがて富子は義材の従兄弟にあたる足利義澄《よしずみ》を将軍後継に推す管領《かんれい》・細川政元《まさもと》に接近していった。その後、明応《めいおう》の政変（1493年）で義材は将軍職を追われることになるが、義視はその2年前に病を発症してこの世を去った。

足利義尚

❖陣没した若き公方

足利義政《あしかがよしまさ》の嫡男で、生まれながらに叔父の足利義視《よしみ》との家督争いに巻き込まれるという悲運に見舞われる。幼い頃から、義尚のあずかり知らぬところで、幕府内は義尚派と義視派に分かれて対立を繰り返し、この争いが応仁《おうにん》の乱の一因ともなった。

応仁の乱の真っただ中、8歳のときに9代将軍に就任。しばらくは義政の後見を受けたが、応仁の乱が終結した後、14歳のときに評定始《ひょうじょうはじめ》・沙汰始《さたはじめ》の儀式を行って自立した。義尚は、応仁の乱で失墜した幕府の再興に尽力していく。その中で、文化事業に傾倒する義政との仲が険悪となり、さらに、幕府内で確固たる権力を保持していた母・日野富子《ひのとみこ》とも折り合いが悪くなっていった。

義尚は、将軍の権威を取り戻すため、公家領や寺社領を横領して戦国大名化を押し進め

る近江《おうみ》国の守護・六角高頼《ろっかくたかより》の討伐に、自ら軍を率いて出陣した。近江坂本《さかもと》に着陣すると、高頼を観音寺《かんのんじ》城に攻めて敗走させた。ところが、高頼が甲賀《おうが》山中に逃走したため、義尚は2年近くも近江に在陣することになった。

　このとき義尚が京を出立する際、義尚を見るために多くの市民が集まり、赤と金で彩られたきらびやかな甲冑《かっちゅう》に身を包んだ義尚の姿に熱狂し、中には手を合わせて拝む人もいたという。義尚は「玉《たま》の御姿《おすがた》」と形容されるような美しい姿をしていたといわれ、その立派な姿から「緑髪《りょくはつ》将軍」という異名で呼ばれ、京の市民からの人気は高かったという。

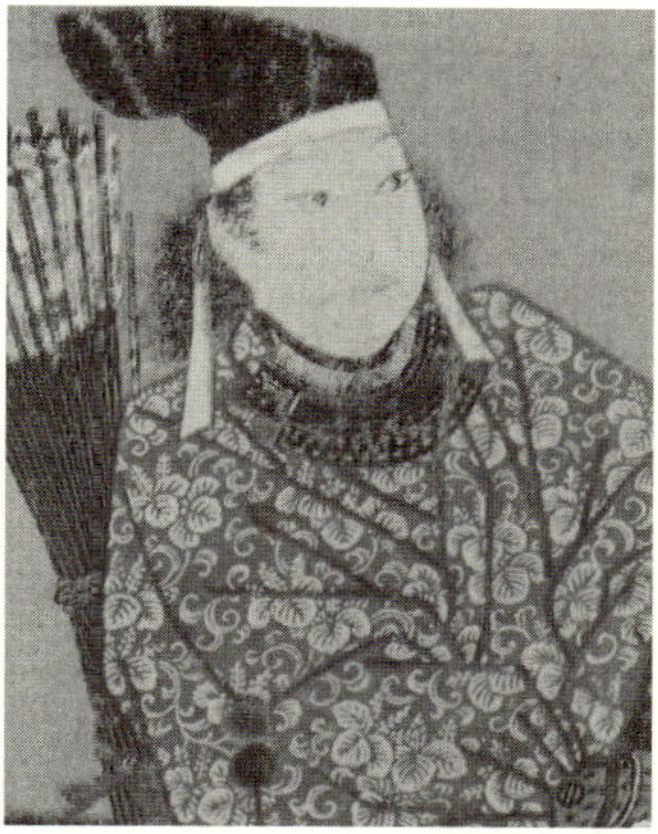

将軍権威を取り戻すために奮闘した足利義尚。（地蔵院蔵）

　ここまで将軍として気張ってきた義尚だったが、しだいに近臣の意見ばかりを聞くようになり、突然として愚将へと変貌した。この頃の義尚は、すでに重篤な病に冒されており、政治・軍事への意欲をなくしていたといわれる。結局、義尚は京に戻ることなく、近江の陣中で病没した。24歳の若さだった。

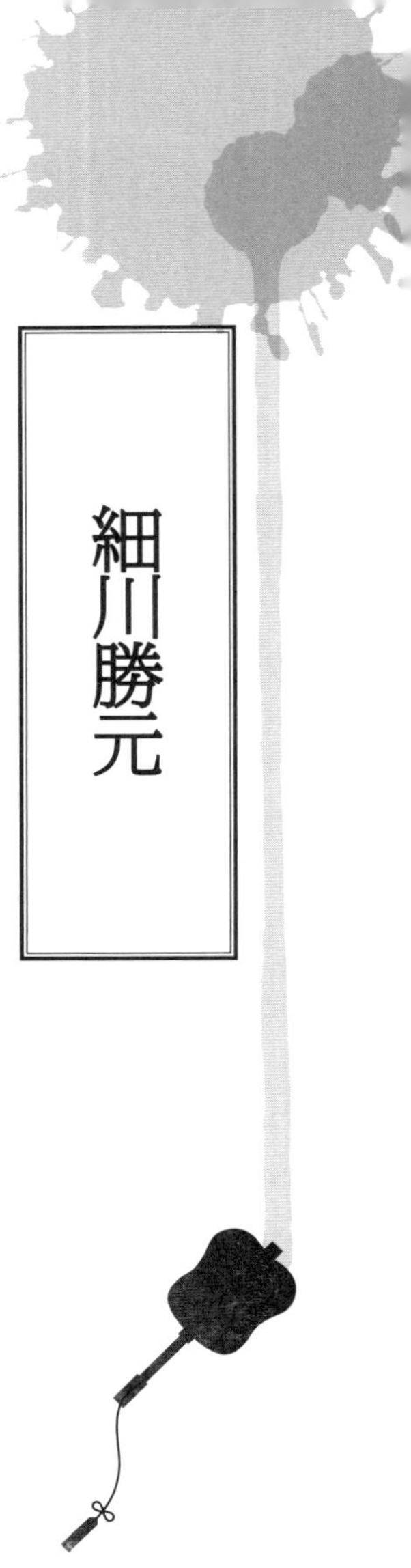

細川勝元

❖応仁の乱勃発の張本人

16歳で初めて管領《かんれい》に任命されてから、のべ21年間にわたって管領職に就き、幕府内で権力をふるった。政治手腕に長けていたが、後世に残ったものは政争に明け暮れた政治活動ばかりである。その最たるものが、室町時代最悪の戦乱となった応仁の乱を引き起こした張本人であるということだった。

当初は山名宗全《やまなそうぜん》の娘を正室に迎え、山名家との共同路線で畠山《はたけやま》家と対立した。その畠山家の家督争いが勃発すると、これに介入して畠山家を幕府の中心から追い落とした。すると、今度は幕府内で権力を肥大化させる山名家との対立が起こり、畠山家の内訌と将軍家の家督争いで両者は真っ二つに分かれ、ついに応仁の乱を引き起こす結果となった。

上御霊社《かみごりょうしゃ》の戦いの直後は宗全に押され気味だったが、幕府御所を占拠して足利義政《よしまさ》・

義尚《よしひさ》父子、足利義視《よしみ》、日野富子《ひのとみこ》らを自陣営に抱き込むことに成功し、劣勢を挽回した。さらに、後花園《ごはなぞの》上皇と後土御門《ごつちみかど》天皇を西軍から奪還し、戦局を優位に進めた。しかし、中国地方に覇を唱えていた大内《おおうち》家が西軍に参加し、義視が西軍に寝返るなど、戦況は予断を許さなかった。

戦乱は長引き、戦の中心人物であった勝元でさえも、もはや収拾のつかない事態となっていった。やがて乱の最中にありながら医学書の全集を作ったり、禅宗にのめり込むなど勝元自身も戦への興味を失っていった。

東軍の頭領として采配をふるった細川勝元。（龍安寺蔵）

勝元は宗全との和睦交渉を試みたことがあったが、自陣営の赤松政則《あかまつまさのり》や、西軍の畠山義就《よしなり》の猛烈な反対にあい、両者の和睦は実現しなかった。

結局、勝元は子の政元《まさもと》に家督を譲って引退し、その翌年、応仁の乱の終結を見ることなく病死した。

山名宗全

❖権力を手中に収めた赤入道

応仁《おうにん》の乱西軍の首領として名を残す山名宗全《やまなそうぜん》は、１４５０年（宝徳《ほうとく》２）に家督を嫡男の教豊《のりとよ》に譲っていた。しかし、隠居後も幕政には関与し続け、「天下に肩を並べる人は稀である」といわれるほどの権勢を誇った。

応仁の乱勃発時にはすでに60歳を超えていたが、ときには自ら出陣して采配をふるうなど、西軍の中心人物として活躍した。同時代に生きた一休宗純《いっきゅうそうじゅん》は宗全について、「鞍馬《くらま》の毘沙門天《びしゃもんてん》の化身」と表現し、「その業は修羅《しゅら》に属す」とも書いており、武士らしい外見だったようだ。

幕政においては傲岸不遜なふるまいが多く、周囲から反感を買うことが多かったが、戦乱がはじまってからは西軍の諸将をよくまとめ、彼らからは「赤入道《あかにゅうどう》」と呼ばれていた

という。

応仁の乱は、将軍家と皇室をおさえた宗全が当初は優勢に戦いを進めたが、東軍の細川《ほそかわ》勝元《かつもと》が将軍家と皇室を奪回したため、宗全は賊軍としての戦いを余儀なくされた。しかし、西国の大大名・大内政弘《おおうちまさひろ》が入京し、さらに将軍家から足利義視《あしかがよしみ》が宗全側に寝返り、体勢を立て直した宗全は反撃に打って出た。

しかし、両者ともに決定的な勝利を得られず、戦は長期化した。宗全も、これ以上の戦に意義を見出せず、勝元に和睦の意を伝えた。ところが、畠山《はたけやま》家の家督復帰をめざす畠山義就《よしなり》と、将軍義政《よしまさ》と義視の和解を条件とする大内政弘が講和に反対し、和睦交渉は一向に進まなかった。結局、和睦はならず、宗全は家督を嫡孫の政豊《まさとよ》に譲って引退し、その翌年に病没した。

宗全死後の山名家は、応仁の乱での疲弊が著しく、領国も東軍の赤松家に浸食されていった。また、安芸国では毛利家などの国人の台頭を許すこととなり、その勢力を大きく低下させてしまった。山名家では家督争いが勃発したことで、重臣の垣屋氏が自立するなど、戦国大名化には失敗した。

畠山義就

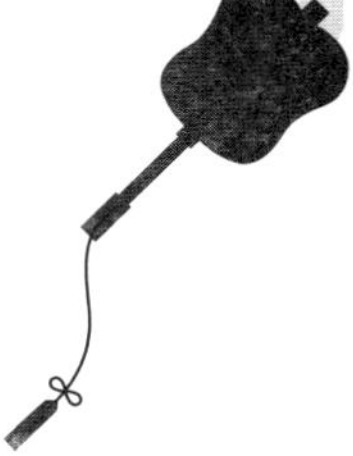

❖百戦錬磨の戦上手

管領《かんれい》・畠山持国《はたけやまもちくに》の嫡子で家督を継いだが、同族の畠山政長《まさなが》との間で家督騒動が勃発し、家督を継いで早々、政長との戦闘に突入した。当初、将軍・足利義政《あしかがよしまさ》の支持を取りつけた政長に対して、義就は劣勢を強いられ、家督も政長に奪われてしまった。そして、敗戦の連続で遁走を繰り返した。しかし、山名宗全《やまなそうぜん》の支持を得たことで義政の許しを得ることに成功し、6年ぶりに畠山家の当主に復帰した。

以降も政長との対立は続き、そこに細川勝元《ほそかわかつもと》と山名宗全の派閥争いが重なり、上御霊社《かみごりょうしゃ》での両者の戦いが、応仁の乱のきっかけとなった。

応仁の乱では、義就は西軍に属し「当時の名大将」と呼ばれる活躍を見せたが、最終的に東軍が勝利したことで畠山家の家督は政長に奪われてしまった。義就は河内国《かわち》・大和国《やまと》で政長軍を撃破し、支配領域を広げていったが、家督は相変わらず政長のままで、幕府の討伐対象は義就であった。

最後まで家督奪回と幕政復帰を目指して戦いに身を投じたが、叶うことなく54歳で死去した。

義就は応仁の乱が勃発する前から戦場に身を置き、大和国で起こった争乱に、幕府の許可なく出陣して将軍義政の不興を買うということもあった。義就は管領家という名門出身でありながら、権威や慣例に逆らうことも辞さない性格であった。また、何十年もの間戦い続けていたため戦上手で知られた。そうしたことから国人層からは圧倒的な支持を得ることができ、戦いを継続することができた。

河内国・大和国・紀伊《きい》国を支配下に置き、人間的な魅力で兵を集めていった義就こそ、戦国大名の先駆けだったともいえるのではないだろうか。

畠山政長

❖いわれのない管領罷免に激怒

管領《かんれい》家という名門・畠山《はたけやま》家の家督を義就《よしなり》と激しく争った政長《まさなが》は、成敗が廉直で、「理非憲法の大名」といわれるなど、清廉な武将だったという。そのため、将軍・足利義政《あしかがよしまさ》の側近だった伊勢《いせ》貞親《さだちか》や季瓊真蘂《きけいしんずい》の覚えもよかった。

しかし、義政は山名宗全《やまなそうぜん》の働きかけで義就を畠山家の家督に据え、政長の管領職を罷免し、畠山邸を義就に明け渡すよう命じた。管領を罷免されるいわれのない政長はついに決起し、上御霊社《かみごりょうしゃ》に布陣して義就軍と戦い敗退した。これが応仁《おうにん》の乱の始まりとなった。

政長は東軍に属したため、再び畠山家の当主に復帰したが、応仁の乱が終結した後も義就との対立に決着はつかず、その後10年以上にわたって戦いを繰り広げることになる。なお、政長は焼いてしまった上御霊社に、河内にあった自分の所領を寄進している。

斯波義廉

❖家臣に慕われた越前国主

応仁《おうにん》の乱で西軍の主力となって活躍した斯波義廉《しばよしかど》は、斯波家の人間ではなく渋川《しぶかわ》家の出身である。父の義鏡《よしかね》が鎌倉公方《かまくらくぼう》・足利政知《あしかがまさとも》の執事だったことから、関東の大乱に斯波家の軍勢を使いたい幕府が強引に義廉を斯波家の養子にして家督を継がせたのである。この強引な人事が斯波家の家督争いを引き起こし、応仁の乱の主要因となる。

義廉は斯波家にとっては外様だったが、家臣には慕われていたようで、守護代の甲斐《かい》家、織田《おだ》家、重臣の朝倉《あさくら》家などは、こぞって義敏ではなく義廉を支持した。

応仁の乱では西軍に属したが、越前《えちぜん》平定に送り出した朝倉孝景《たかかげ》が東軍に寝返り、守護代・甲斐家も東軍に転じたことで勢力を弱めた。乱終結後、義廉は尾張に落ちたが、以降の消息は不明となった。

朝倉孝景

❖主家を裏切り下剋上を起こす

越前《えちぜん》国の守護・斯波《しば》家の有力家臣だったが、斯波義敏《よしとし》と守護代甲斐常治《かいじょうち》が争った長禄《ちょうろく》合戦では、甲斐派に与して戦った。この戦いはおよそ1年間にも及んだが、孝景はこの間、21度出陣して無敗を貫くという驚異の戦績を残し、その武名は関東地方にまでとどろいた。

長禄合戦後は、幕府軍の一員として遠江から関東を転戦した。

斯波義廉《よしかど》が家督を継ぐと、孝景は義廉を支持し、前当主・義敏派を次々と撃破していき、越前国内での影響力を強めていった。

応仁《おうにん》の乱では、主君・義廉とともに西軍に属して戦い、若狭《わかさ》国の武田《たけだ》家、近江《おうみ》国の京極《きょうごく》家らを破る活躍を見せ、孝景の勇名は高まった。東軍が義廉に帰順を打診したとき、その条件が孝景の首を持ってくることだったというほど恐れられていた。

しかし、越前で義敏軍と戦っているとき、東軍から寝返りの打診を受け、2年の逡巡ののち、同じ西軍に属していた甲斐家討伐のために、東軍側に寝返るという苦渋の決断をくだした。そして甲斐家との戦いで勝利を重ね、ついに甲斐家を越前から追放し、越前を平定した。孝景はもともと義敏を主君としては認めておらず、それは東軍に寝返ったあとも変わらなかった。そのため同じ東軍の義敏軍との戦闘に突入したが、決着前に死去した。

孝景は、公家領、寺社領を横領して支配力を強めたこともあり、公家や寺社からの評判はすこぶる悪かった。孝景の死を伝え聞いた公家の甘露寺《かんろじ》親長《ちかなが》は、「朝倉孝景は天下一の極悪人である。あのような男が死んだことは近年まれに見る慶事である」と日記に書いている。

応仁の乱をきっかけに飛躍した朝倉孝景。
（心月寺蔵）

しかし、家臣からの信頼は篤く、食事は兵卒とともにし、酒をともに酌み交わし、誰よりも早く起きて、家臣をねぎらってから就寝、傷ついた者は自ら治療を施したという。

赤松政則

❖悲願の旧領回復を成し遂げる

嘉吉《かきつ》の変で没落した赤松《あかまつ》家は、政則《まさのり》のときに、後南朝に奪われていた神璽《しんじ》（三種の神器のひとつ）を取り返すことに成功し、その功によって赤松家再興を許された。

応仁《おうにん》の乱では東軍に属した。政則は京を中心に西軍と戦い、旧領の回復を目指して播磨《はりま》国へ入った。すると、播磨国内に潜伏していた旧家臣をはじめ、寺社、百姓らが政則に協力し、政則はあっという間に播磨国を平定することができた。そこから美作《みまさか》国、備前《びぜん》国へ侵攻してこれも制圧し、幕府内でも侍所所《さむらいどころしょ》司《し》に任命され幕政への復帰を果たし、赤松家の勢力回復を成し遂げた。

応仁の乱が終結し、大名たちは各自領国へ帰っていったが、大名たちの疲弊は各地で国人勢力の自立を促した。それは、政則の領国でも同じで、備前国の松田元成《まつだもとなり》が山名宗全《やまなそうぜん》の

孫に当たる山名政豊《まさとよ》と結んで反旗を翻した。政則は、この争いに不覚を取ってしまい、家内の求心力を低下させてしまう。中でも、重臣の浦上則宗《うらがみのりむね》と対立を深め、政則はいったん摂津国堺まで遁走することを余儀なくされた。

その後、前将軍・足利義政の仲介で則宗との和解を取り付けて、赤松家に復帰すると、山名家を破って奪われていた播磨国と美作国を奪回した。

10代将軍・足利義材《よしき》が六角《ろっかく》家討伐の際に軍を出したときには、軍奉行として軍功をあげた。また、明応《めいおう》の政変が起きたときには、クーデターを敢行した細川政元《ほそかわまさもと》側にまわり、赤松家の勢力維持に努めた。

応仁の乱で旧領を回復し自家を復興させた赤松政則。（六道珍皇寺蔵）

しかし、政則には子がなく、政則の死後に後継者をめぐって争いが起こり、赤松家の勢力は衰退の一途をたどることとなった。政則が再興した赤松家は、結局、政則の代が絶頂のピークとなってしまった。

京極持清

❖幕政にも重きをなした東軍主力

近江《おうみ》国・出雲《いずも》国・隠岐《おき》国・飛騨《ひだ》国の守護となり、応仁《おうにん》の乱勃発直前まで侍所所司《さむらいどころしょし》を務めていた。甥に細川勝元《ほそかわかつもと》、娘婿に畠山政長《はたけやままさなが》がおり、当時の幕政の中心を担っていた。応仁の乱では甥の勝元率いる東軍の主力として活躍した。

近江国では六角《ろっかく》家と近江支配をめぐって対立関係にあったため、乱の最中は京と近江国を転戦した。六角家との戦いでは、持清生存中は、おおむね京極家が優勢に戦いを進めていった。しかし、乱の最中に嫡男の勝秀《かつひで》を失うなど、犠牲も多かった。

応仁の乱4年目の１４７０年（文明《ぶんめい》２）に死去したが、幕政に深く関与し、京極家をうまくまとめていた持清の死の影響は大きく、その後京極家では家督争いがはじまり、京極家は分裂することになる。

土岐成頼

❖居場所がなくなった義視父子を引き取る

一色《いっしき》家の出身で、美濃《みの》国守護・土岐持益《ときもちます》の養子となり土岐家の家督を継いだ。応仁《おうにん》の乱では西軍に属し、８０００の軍勢を率いて西軍の主力をなした。成頼《しげより》は乱が終結するまで京で戦い続け、終結後には足利義視《あしかがよしみ》・義材《よしき》父子を庇護して美濃国に帰国した。義視と義材は、その後10年以上も美濃に滞在することになる。

成頼は、応仁の乱の間、美濃に帰ることがほとんどなく、美濃経営は守護代の斎藤《さいとう》家に任せっぱなしだった。そのため、美濃国内は斎藤家の力が拡大しており、土岐家の影響力は低下した。成頼には5人の男子がいたが、成頼は4男の元頼《もとより》を溺愛したため、嫡男の政《まさ》房《ふさ》との抗争が勃発。両者の争いは家中を二分する戦へと発展した。成頼はこの合戦に敗れ、敗戦の翌年に病死した。以降、美濃の支配権は斎藤家のものとなる。

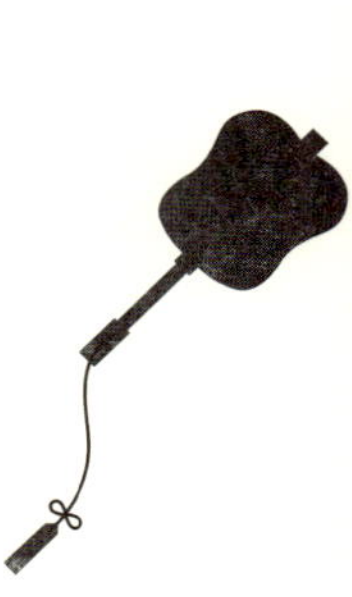

大内政弘

❖10年在京しても領国は安泰

西軍の主力をなし、政弘《まさひろ》が2万の兵を率いて上洛すると、それまで劣勢だった西軍は一気に優勢となるほどの影響力をもっていた。政弘は、応仁《おうにん》の乱が終わるまで在京して戦い続け、本拠地の山口に帰国したのは10年ぶりだった。応仁の乱は、守護大名たちの在京期間が長くなる傾向があり、領国での影響力を落とすことが多かったが、政弘の場合は違った。少弐《しょうに》家や宗《そう》家、叔父の大内教幸《のりゆき》らの侵攻や反乱が起こっているが、政弘はそのたびに的確な指示を送って領国を守り通した。

政治力、軍事力に秀でた政弘は、文化面にも造詣が深かった。応仁の乱で荒廃した京を逃れた文化人を山口に招聘し、文化発展に尽力した。また、雪舟《せっしゅう》の渡明に力を貸し、帰国後は居宅を与えて庇護している。

伊勢貞親

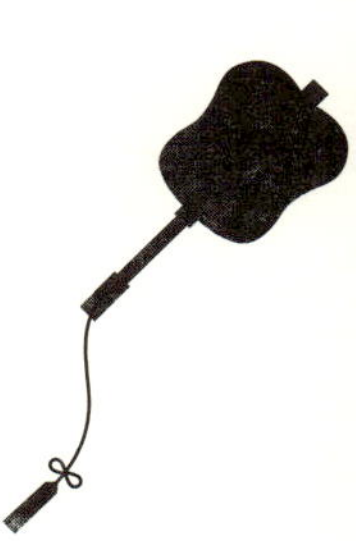

❖悪名高い将軍義政の側近

足利義政《あしかがよしまさ》を幼少から養育し、育ての親として、義政からの信頼は絶大なものがあり、義政が将軍に就任してからは「政所《まんどころ》政治」と世に言われるほどの権勢を誇った。幕府の政策だけでなく、諸大名の家督相続にまで口を出し、将軍家の相続問題にも介入した。

将軍家が義視《よしみ》派と義尚《よしひさ》派に分かれたとき、義尚の乳父《めのと》でもあった関係で、日野富子《ひのとみこ》と結んで義視殺害を計画したが、事前に露呈すると近江《おうみ》国に遁走した。ところが、応仁の乱が勃発すると義政から呼び戻され、幕政に復帰した。貞親の復帰は義視を硬化させ、義視が西軍に寝返ってしまう事態を招き、応仁の乱を長期化させた。

貞親は、義政を後ろ盾に強権をふるい、賄賂政治を横行させたとして、当時から評判が悪く、応仁の乱勃発の張本人ともいわれるほどに悪名高い。

日野富子

❖晩年まで幕政に影響力を持った

8代将軍・足利義政《あしかがよしまさ》の正室で、9代将軍・義尚《よしひさ》の母として幕府内で権勢を誇った。当初、義政と富子の間に嫡子がなく（長男は生まれて半年で死去）、義政の弟・足利義視《よしみ》を次期将軍として迎えていたが、その翌年に義尚が生まれたため、両者の対立が始まり、応仁の乱へとつながった。

義尚は将軍に就任したときわずか9歳であり、義政は政治に意欲をなくしていた。そのため、幕政を取り仕切ったのは富子だった。応仁の乱は、中心人物だった山名宗全《やまなそうぜん》と細川《ほそかわ》勝元《かつもと》が死去した後も、両軍ともに引くに引けない状況となっていた。富子は、この戦乱に終止符を打つべく、終戦反対派の畠山義就《はたけやまよしなり》に多額の金を貸し付けて京からの撤退を承諾させ、同じく大内政弘《おおうちまさひろ》には、朝廷に働きかけて官位を与え、周防《すおう》国など4カ国の守護を安堵

することで帰国を了承させた。

その後、義尚が亡くなると、後を継いだ足利義材《よしき》と、その父・義視との仲が険悪となった。富子は、義材が畠山基家の討伐に河内国《かわち》へ出陣している留守をついて、管領・細川政元とともにクーデターを起こし、義材を廃位し、足利義澄《よしずみ》を将軍に据えた。そして、義澄の後見人となって、依然として幕政に関与し続けた。

富子は、わが子かわいさに応仁の乱を引き起こした悪女、金儲けに執着した守銭奴など悪名高いが、最終的には長引いた応仁の乱を、交渉だけで解決した政治手腕は高く評価されてしかるべきである。また、富子が貯めたといわれる7万貫（約70億円）ともいわれる莫大な財産が、その後どうなったか不明であり、富子が私財として金儲けをしていたかにも疑問が残る。

将軍正室、将軍生母として幕政に多大な影響力をもった日野富子。（宝鏡寺蔵）

日野勝光

❖押しが強かった富子の兄

日野富子《ひのとみこ》の兄として幕政に影響力をもち、将軍義政《よしまさ》の信頼を得ていた。しかし、その権力を後ろ盾に傲岸な振る舞いが多く、本来はその家格ではないのに内大臣《ないだいじん》にまで昇進した。その押しの強さから、京の市民は勝光を「押《おし》大臣」と呼んだという。

将軍家が、後継問題で義視《よしみ》派と義尚《よしひさ》派に分かれたときには義尚派につき、応仁の乱では東軍に属した。しかし、勝光は山名宗全《やまなそうぜん》に心を寄せており、細川勝元が義政に牙旗《がき》を求めたとき、この戦いは畠山《はたけやま》家の内訌だから、与えるべきではないと反対した。

各方面に顔がきいた勝光は、応仁の乱の終結の際にも尽力したが、和睦が成立する前に死没した。しかし、勝光がいなくなったことで義政と義視のわだかまりが解け、両者は和解するという皮肉な結果を生んだ。

足利成氏

❖関東争乱の引き金を引いた鎌倉公方

第5代鎌倉《かまくら》公方《くぼう》。幼少期に父・持氏《もちうじ》が幕府に反して殺害され、2人の兄も処刑されるという悲劇に見舞われた。1454年（享徳《きょうとく》3）、父・持氏を自害に追い込んだ上杉憲実《うえすぎのりざね》の子で関東管領《かんとうかんれい》だった上杉憲忠《のりただ》を殺害した。この事件により、関東地方は各国の国人《こくじん》層を巻き込んだ大乱、享徳の乱が勃発した。

幕府と将軍・足利義政《あしかがよしまさ》は上杉家を支援して成氏《しげうじ》追討を命じたが、成氏は幕府に反抗するつもりはなかったようで、幕府との和睦の道を探った。

成氏は下総《しもうさ》国古河《こが》を拠点にして下野《しもつけ》国・常陸《ひたち》国・下総国・上総《かずさ》国・安房《あわ》国を勢力範囲におさめ、関東で一大勢力となった。

幕府とは和睦したものの、関東の戦乱はやまず、鎌倉に帰ることなく古河の地で没した。

◎あとがき――その後の室町幕府

応仁《おうにん》の乱の結果、将軍の権威は低下した。のちの歴史を知っているから、そう言うのではない。当時の人々も、如実にそう感じていた。尋尊《じんそん》は「日本国は、ことごとく将軍の命令に応じない」と日記に記している。

乱後、これまで在京を義務付けられていた守護大名は、細川政元《ほそかわまさもと》と一色義直《いっしきよしなお》などを除いてほとんどが領国に帰ってしまった。そして、幕政に関与するよりも領国経営に専念するようになった。山城《やましろ》国守護を打診された赤松政則《あかまつまさのり》がそれを断ったり、管領《かんれい》に就任した畠山《はたけやま》政長《まさなが》が義就《よしなり》との戦いに忙殺されて管領の仕事をほったらかしにしたりしたのは、その典型例である。将軍と守護大名の関係性にほころびが見えるようになったのである。

とはいえ、幕府や将軍が無用の長物となったわけではない。新将軍の足利義尚《よしひさ》は幕命で近江《おうみ》国の六角《ろっかく》家を討伐しているし、義尚の後継・足利義材《よしき》（足利義視の子）も同様に六角家と戦っている。義材のときは、山名《やまな》家・大内《おおうち》家・土岐《とき》家・一色《いっしき》家といった有力な守護大名が協力した。

しかし1493年（明応《めいおう》2、応仁の乱終結から16年後）、細川勝元《かつもと》の跡を継いだ管領の政元が、将軍義材が河内《かわち》国の畠山基家《もといえ》（義就の子）討伐へ出陣中に、義材の将軍職を廃して、新たに足利義澄《よしずみ》（足利政知《まさとも》の子、義材の従兄弟）を将軍に擁立するという事件が起こった（明応の政変）。家臣が主君の首をすげかえるという前代未聞のクーデターの成功により、将軍の権威は地に落ちた。そして、クーデターを成功させた政元も、管領でありながら京をたびたび離れて義澄を積極的に補佐することはなく、分国である摂津《せっつ》国と丹波《たんば》国の経営を優先させ幕政から離れていった。

室町幕府はその後も名目上は80年ほど存続し、ときに大名同士の争いの調停を行うこともあったが、応仁の乱勃発時のように将軍が全国に号令をかけるという役割は、明応の政変によって失われた。

応仁の乱によって開かれた戦国時代の扉は、明応の政変によって確定路線となったのである。

索引

あ

さ

索引

か

は

ら

◉参考文献

『室町時代人物事典』(新人物往来社)/『戦国合戦大事典』(新人物往来社)/『国別守護・戦国大名事典』西ヶ谷恭弘(東京堂出版)/『国史大辞典』(吉川弘文館)/『山名宗全と細川勝元』小川信(吉川弘文館)/『戦争の日本史9 応仁・文明の乱』石田晴男(吉川弘文館)/『敗者の日本史 享徳の乱と太田道灌』(吉川弘文館)/『鎌倉府と室町幕府』小国浩寿(吉川弘文館)/『戦国大名と天皇』今谷明(講談社)/『室町幕府論』早島大祐(講談社)/『クロニック戦国全史』(講談社)/『足利将軍列伝』桑田忠親編(秋田書店)/『中世武士選書 朝倉孝景』佐藤圭(戎光祥出版)/『山名宗全』山本隆志(ミネルヴァ書房)/『室町幕府解体過程の研究』今谷明(岩波書店)/『応仁の乱』鈴木良一(岩波新書)/『応仁の乱 戦国時代を生んだ大乱』呉座勇一(中公新書)/『室町幕府守護制度の研究』佐藤進一(東京大学出版会)/『室町幕府の東国政策』杉山一弥(思文閣出版)/『足利義政の研究』森田恭二(和泉書院)/『日本史広辞典』日本史広辞典編集委員会編(山川出版社)/『足利義政と日野富子』田端泰子(山川出版社)/『戦国武家事典』稲垣史生(青蛙房)/各市町村史/「歴史読本」/「歴史と旅」/など

著　者

水野大樹（みずの　ひろき）

1973年、静岡県生まれ。青山学院大学卒業。出版社勤務を経て、歴史ライターとして独立。著書に『室町時代人物事典』『古代兵器』（新紀元社）、『歴史入門　真田一族のすべて』（スタンダーズ）、『「拷問」「処刑」の日本史』（カンゼン）などがある。

※本書は書き下ろしオリジナルです。

じっぴコンパクト新書　314

JIPPI Compact

戦国時代前夜《せんごくじだいぜんや》

応仁《おうにん》の乱《らん》がすごくよくわかる本《ほん》

2017年 2月 7日　初版第1刷発行
2017年 3月13日　初版第2刷発行

著　者……………水野大樹
発行者……………岩野裕一
発行所……………株式会社実業之日本社
〒153-0044　東京都目黒区大橋1-5-1 クロスエアタワー8F
電話（編集）03-6809-0452
（販売）03-6809-0495
実業之日本社のホームページ　http://www.j-n.co.jp/
印刷・製本…………大日本印刷株式会社

ISBN978-4-408-11215-2（第一経済）